무기가 되는
토론의 기술

무기가 되는 토론의 기술

이강휘 지음

㈜자음과모음

"자유학기제(자유학년제) 때문인지 학생들이 강의식 수업을 너무 힘들어해. 예전엔 안 그랬는데 말이야."

학교에 있다 보면 이따금 선생님들의 이런 볼멘소리를 듣습니다. 그런데 예나 지금이나 강의식 수업을 힘들어하는 건 매한가지인 것 같아요. 다만 의사를 표현하는 데는 좀 더 익숙해진 것 같습니다. 발표를 잘하는 학생이 예전보다 많아졌어요. 정답이 정해져 있지 않은 열린 질문을 던져도 곧잘 대답합니다. 그건 아무래도 최근 교육이 '말하기와 듣기'를 강화하는 방향으로 변화한 덕분이 아닐까 싶습니다.

그렇다고 아직 만족할 만한 수준은 아닙니다. 어떤 사안에 대해서 "저는 이렇게 생각해요"라고 자신 있게 말하는데, "왜 그렇게 생각했니?"라고 되물으면 대답을 어려워하더군요. 예컨대 소설을 읽고 감상을 이야기해 보라고 하면, 글의 내용과 전혀 관련 없는 이야기를 하는 학생도 있어요. 이럴 때는 어떻게 알려 줘야 좋을지 고민이 됩니다.

이 문제를 해결하는 방법으로 토론만 한 게 없습니다. 토론은 어떠한 논제에 대한 의견을 제시하고 타당한 근거를 통해 뒷받침하는 과정의 연속이거든요. 논리적인 결함이 있으면 상대측으로부터 비판을 받게 되니까 토론 참여자는 주장에 대한 논리적인 모순을 줄이려고 노력하지요. 이 과정을 반복해서 경험하면 논리적 사고를 하는 데 도움이 됩니다. 자료와 근거의 상관관계를 따지다 보면 주장의 타당성을 높이는 방법을 스스로 깨닫게 되죠. 그러면 '내가 가진 생각의 근거'를 말할 때 겪는 어려움을 줄일 수 있을 겁니다.

그런데 안타깝게도 학생들이 토론에 접근하는 것이 쉽지 않습니다. 논리적으로 생각하는 것도 어려운데 그걸 말로 풀어내야 하니까요. 내 입장을 말하기도 바쁜데 다른 사람의 말도 듣고 반박해야 합니다. 거기다 토론 규칙은 어찌나 까다로운지, 말하는 순서가 정해져 있기도 하고 시간도 충분하지 않죠. 그렇다 보니 학생 입장에서는 '토론은 아무나 하는 게 아니구나' 하고 생각하기 마련입니다.

이 책은 '토론＝어려움'이라는 공식을 깨뜨려 줄 겁니다. 유튜버를 꿈꾸는 구르미, 똑 부러지는 우등생 성지유, 예비 프로게이머 박태하, 부산에서 전학 온 남재우. 네 친구가 토론 동아리 '토론하리'에서 활동하며 여러분을 토론의 세계로 이끌 거예요. 토론을 제대로 배운 적이 없는 친구들을 도우려는 신비 선생님의 설명에 귀 기울여 보세요. 규칙에는 어떤 것이 있는지, 자료 조사는 어떻게 해야 하는지, 말은 어떻게 하고 어떻게 들어야 하는지와 같은 토론 기법들을 자연스레 깨닫게 될 겁니다.

때로는 올근볼근하고 때로는 서로를 도닥이는 토론하리 친구들의 모습을 가만 지켜보고 있으면 여러분도 토론을 해 보고 싶어질지도 모릅니다. 자, 망설이지 말고 시작해 보면 어떨까요? 친구들과 함께 동아리를 만들고 '신비 선생님의 보충수업'을 참고해 보세요. 마음을 열고 토론을 하다 보면 어느새 논리력, 분석력, 발표력을 얻을 수 있을 겁니다. 잊지 못할 학창 시절 추억은 덤이고요. 물론 당장 시작하지 않아도 좋습니다. 여러분이 이 책을 통해 토론의 재미를 조금이나마 느낀다면 좋겠습니다.

이 책이 나오기까지 많은 도움이 있었습니다. 선뜻 집필이라는 감사한 제안을 해 주신 자음과모음에 진심으로 감사의 인사를 전합니다. 끝까지 꼼꼼하게 챙겨 주신 문진아 편집자님 정말 수고 많으셨습니다. 편집자님 아니었으면 아마 길을 잃고 꽤나 헤맸을 거예요. 그리고 책이 나오기까지 애써 주신 출판사 식구들께도 감사 인사 드립니다.

마지막으로, 늘 제 글의 첫 독자가 되어 주는 아내 그리고 이 이야기의 주인공에게 '구르미'라는 예쁜 이름을 선물해 준 우리 딸, 모두 사랑합니다.

부산에서

이강휘

차
례

"얘는 또. 네가 무슨 유튜버니? 공부나 해. 너 성적이 얼마나 떨어졌는지 알기는 해?"

르미는 성적표에 적힌 숫자가 스멀스멀 기어올라 온몸을 휘감는 장면을 상상했다. 그러자 머리가 새하얘졌다. 이번만은 엄마를 설득하고 말겠다는 의지로 시작했던 대화는 결국 이렇게 종료. 축 늘어진 어깨를 하고 방에 들어와 지유에게 톡을 보냈다. 지유는 마침 학원을 마치고 집에 가는 길이니 잠깐 들르겠다고 했다.

얼마 지나지 않아 지유가 르미 방에 들어서며 물었다.

"얘기는 잘됐어?"

르미는 고개를 절레절레 흔들었다.

"그럴 리가 있어? 똑같지. 오늘도 성적 얘기로 끝났다. 에휴."

지유가 잠시 안타까운 표정을 지었다.

"이게 위로가 될지 모르겠지만, 네가 말한 그 동아리……."

"응? 토론하리?"

"그래, 그거. 하자."

르미는 저도 모르게 목소리를 높였다.

"정말?"

"갑자기 소리 지르지 좀 마. 아줌마 놀라시겠다."

"에이, 뭐 어때! 정말 하는 거지?"

"그래, 하나뿐인 친구가 공부하겠다는데 도와야지. 근데 토론 동아리에서 아줌마 설득하는 법을 배울 수 있을까?"

"몰라, 일단 해 봐야지. 암튼 성지유! 너밖에 없다!"

"대신 졸업할 때까지 치킨을 무상 제공한다는 약속은……."

"당연히 지키지! 이 구르미가 누구야? 우리 동네 치킨 맛집 '또와치킨' 사장님의 고명딸이라고."

"오케이, 딜! 그런데……."

지유가 턱을 매만졌다.

"그 동아리, 지금 운영되고 있긴 한 걸까?"

"글쎄, 모집 공고문이 붙어 있었으니까 운영되는 거겠지."

"그 공고문 말이야. 도서관 앞에 달랑 하나만 붙어 있었다며. 게다가 너덜너덜하고."

지유는 '학교 역사 알기' 과제를 준비하면서 예전 학교신문에서 '토론하리'가 전국 학생 토론대회에서 우승했다는 기사를 읽은 적이 있었다. KBC 8시 뉴스 앵커로 활동하면서 학교의 자랑이 된 송수현 아나운서가 바로 그 토론하리에서 활동했다는 것도 그때 알았다. 그 당시 지도교사가 신비 선생님이었다는 것도. 하지만 그로부터 10년이나 지난 지금은 어디에서도 토론하리의 소식을 확인할 수 없었다.

"나도 그 점이 이상하긴 하지만…… 뭐, 소박한 동아리겠지."

"어떻게 신청하는지도 안 적혀 있었다며?"

르미는 입을 삐쭉 내민 채 머리카락 끝을 잡고 비비 꼬았다. 무언가를 생각할 때 나오는 습관이었다.

"그 입 좀 집어넣고. 내일 3학년 교무실로 가 보자. 도깨비를 만나려면 도깨비굴에 들어가야 하지 않겠어?"

"응? 갑자기 웬 도깨비?"

"그거 몰라? '신비아파트'라는 애니메이션 말이야. 거기 주인공 도깨비 이름이 신비잖아. 토론하리 담당 선생님 이름도 '신비'고."

"그럼 3학년 교무실이 도깨비굴인가?"

"그렇지!"

"심미관은 신비아파트고?"

르미와 지유는 엉뚱한 상상을 하며 한바탕 깔깔대고 웃었다.

동아리 모집 기간을 맞은 학교는 다양한 동아리 홍보로 들썩였고, 학생들의 눈길이 닿는 곳 어디든 오색찬란한 동아리 공고문이 붙어 있었다. 3학년이 사용하는 건물인 심미관(審美館)과 1학년과 2학년이 함께 쓰는 건물인 우정관(友情館) 사이에 위치한 '지혜의 정원'에서는 각자 동아리 특색을 살린 체험 활동이나 공연 동아리의 버스킹이 이어졌다. 학교 전체가 영락없는 축제 분위기였다.

"왜 하필 3학년 담당 선생님인 거야?"

사회봉사 동아리에서 나눠 준 사탕을 오물거리며 심미관 입구에 서서 르미가 투덜거렸다.

"네가 꼭 그 동아리 들어야 한다며. 시간 없어. 들어가자."

소란스러운 바깥과 달리 건물 안은 비교적 조용했다. 자신감 있게 들어오긴 했지만 지유도 심미관 첫 방문에 잔뜩 긴장한 듯했다. 둘은 조심스럽게 교무실 쪽으로 걸었다. 아무도 없는 복도를 걸으면서도 자꾸만 몸이 벽 쪽으로 붙었다.

"1학년? 1학년이 여긴 웬일이야?"

복사기에서 종이 뭉치를 빼 든 선생님이 교무실 앞에 서 있는 둘에게 다가왔다.

"저, 신비 선생님을 찾아왔는데요."

"신비? 이야, 그 별명 오랜만에 들어보네. 그럼 이것 좀 부탁할까?"

르미와 지유는 얼떨결에 선생님이 건넨 종이 뭉치를 받아 들었다.

"너희가 말한 '신비'는 신비호 선생님의 예전 별명이야. 그 별명 들어본 지가 한 10년 됐나? 요즘에는 그렇게 부르는 학생이 없는데. 아무튼 이 건물 4층 오른쪽 제일 끝에 '국어실'이라고 적힌 곳이 있거든? 신비호 선생님은 거기에 있어. 품에 안고 있는 그건 멸치가 보냈다고 하면 아실 거야."

신비 선생님의 위치를 파악한 지유와 르미는 4층으로 향했다. 국어실 문 앞에서 지유는 들고 있던 종이 뭉치를 르미에게 잠시 맡긴 후 노크를 했다.

"네, 잠시만요."

곧이어 문을 열고 청바지에 카디건을 걸쳐 입고 안경을 쓴 중년 남자가 나왔다.

"무슨 일인가요?"

"저기, 안녕하세요? 신비…… 호 선생님을 찾아왔는데요."

"네, 내가 신비호예요. 1학년?"

"네, 이거 멸치라고 하는 선생님께서 주신 거예요."

'아' 하며 종이 뭉치를 건네받은 신비 선생님은 수고 많았다고 말하면서 음료라도 마시고 가라고 했다. 냉장고에서 비타민 음료 2개를 꺼내 온 신비 선생님이 물었다.

"1학년이 어떻게 멸치 선생님 심부름을 하게 됐나요?"

"아, 신비…… 호 선생님을 만나 뵈러 교무실에 찾아갔다가 멸치 선생님을 만났어요."

"나를? 무슨 일로?"

르미가 마른침을 삼킨 다음 이야기를 꺼냈다.

"선생님, '토론하리' 담당 선생님이시죠? 저, 토론하리에 가입하고 싶어요."

"응? 토론하리?"

"네, 저는 1학년 7반 구르미이고요. 이 친구는 성지유라고 해요. 같이 토론하리에 가입하려고요. 공고문을 봤는데 어떻게 가입하면 되는지 안 적혀 있더라고요."

"공고문이라……."

신비 선생님은 검지와 엄지로 안경을 잡아 고쳐 쓴 다음 커피를 한 모금 마셨다.

"그런데 왜 나를 찾은 거죠? 어떻게 가입해야 하는지도 안 적혀 있다면서."

"제가 학교신문 찾아보는 활동을 한 적이 있는데, 그때 토론하리가 전국 토론대회에서 우승했다는 기사를 봤거든요. 거기서 선생님이 토론하리의 지도교사였다는 걸 알게 됐습니다."

지유의 말을 들은 신비 선생님이 곤란하다는 표정을 지었다.

"신문에 난 건 맞긴 한데, 이거 어쩌나? 토론하리는 지금 운영하지 않는데……."

"네?"

"사정이 좀 있어서요. 공고문을 어디에서 봤죠? 난 붙인 기억이 없는데."

"도서관에서요. 도서관 입구에 있었어요."

"네, 저도 봤어요. 좀 낡아 보이긴 했지만……."

"아, 그거! 엄청 오래된 건데, 그게 아직 있나 보네요."

신비 선생님은 무언가 생각났다는 듯 손바닥으로 무릎을 쳤다. 르미가 발견한 모집 공고문은 토론하리가 활동했을 당시에 붙여 뒀던 건데 미처 제거되지 않은 모양이라고 했다. 르미의 표정은 급격하게 어두워졌다.

"방법이 전혀 없는 건 아니에요."

신비 선생님의 말에 르미가 고개를 들었다. 걱정스럽게 르미를 지켜보고 있던 지유도 선생님을 쳐다보았다.

"마침 올해 내가 개설한 동아리가 인기가 없어서 폐쇄될 위기에 있어요. 클래식 감상반인데 가입 희망자가 1명밖에 없다지 뭐예요? 이렇게 토론이 필요해서 나를 찾아온 학생들까지 있는 상황이니 토론반도 괜찮겠죠. 단……."

지유와 르미는 조용히 선생님의 다음 말을 기다렸다.

"난 3학년 학생들밖에 모르는데 알다시피 3학년 때 새로운 동아리에 가입하는 사람은 없잖아요? 그러니까 여러분이 4명을 모아

왔으면 해요. 그러면 토론하리의 부활을 적극적으로 고려해 보도록 하죠. 아, 이름이 뭐였더라."

신비 선생님은 자리로 돌아가 컴퓨터 자판을 두드렸다.

"1학년 4반 남재우. 그 친구를 설득해 줘요. 유일한 클래식 감상반 신청자랍니다."

5교시 쉬는 시간, 르미의 교실을 찾은 태하가 장난스럽게 말을 걸어왔다.

"구르미 넌 또 왜 그렇게 못생긴 표정을 하고 있냐?"

"또 왔냐?"

르미는 태하의 말을 들은 척 하지도 않고 말했다. 지유도 태하를 보고 알은체를 했다.

"박태하, 웬일이야? 쉬는 시간인데 안 자고."

같은 아파트에 사는 지유와 태하, 르미는 초등학교 때부터 친구였다. 태하와 르미는 만나기만 하면 앙숙처럼 티격태격했고, 지유는 둘 사이를 중재하는 역할을 해 왔다.

"너무 많이 잤어. 5교시가 국어였잖냐. 이번에는 진짜 안 자려고 했거든? 근데 국어 쌤 목소리가 너무 좋잖아. 안 잘 수가 있어야지."

태하가 능청을 떨며 기지개를 켰다.

"저번 시간에는 수학 선생님이 재웠다며."

"그러니까 말이야. 우리 학교는 학생들을 너무 건강하게 키운단 말이지. 수업 시간마다 아이들을 재우잖아. 혹시라도 건강 해칠까 봐."

"실없는 소리 할 거면 가라. 누나들 지금 바쁘시다."

르미는 어이없다는 표정을 짓다가 '아!' 하고 소리치고는 태하를 빤히 쳐다보았다. 태하가 몸을 뒤로 슬슬 피했다.

"왜 이래, 불안하게."

"너 슈츠에서 떨어졌다고 했지?"

"그 얘긴 또 왜 꺼내는 건데?"

태하가 볼뚱댔다. 초등학교 때부터 게임에 빠져 살았던 태하는 학교에서도 알 만한 사람은 다 아는 유명인이었다. 어린 나이임에도 게임계에서 알아주는 톱랭커였고, 프로게임 구단으로부터 심심찮게 영입 제의를 받고 있었다. 그래서 교내 게임 동아리 '슈츠' 오디션에서 떨어진 건 태하에게는 꽤나 자존심이 상하는 일이었다.

"이 누나가 너 도와주려고 그러지. 너, 우리 동아리로 와."

"너희가 준비한다는 토론하잔가 뭔가 그거?"

"토론하리거든! 암튼 동아리를 만들려면 최소한 4명이 모여야 하는데, 너 들어오면 딱이야."

"오호라, 그 토론하잔가 토론하린가를 하려면 내가 필요하다 이 말이지?"

"꼭 네가 필요한 건 아니거든? 그냥 사람 1명이 필요한 거지."

르미의 말을 무시한 채 태하는 지유를 바라보며 물었다.

"나머지 1명은 누군데?"

"너 남재우라고 알아?"

"4반에 부산 사투리 쓰는 애? 친하진 않아도 몇 마디 해 보긴 했지. 우리 학교 입학하기 바로 직전에 이쪽으로 이사 왔다던데?"

"역시 미스터 오지랖!"

"어허, 오지랖이라니."

재우가 검지를 좌우로 까닥였다.

"암튼, 남재우는 갑자기 어떻게 들어갔냐?"

지유는 토론하리를 지도해 줄 선생님이 지금 클래식 감상 동아리를 맡고 있다는 것, 그런데 신청자가 1명밖에 없어서 동아리 운영이 안 될 거라는 것, 그래서 클래식 감상 동아리의 유일한 신청자인 남재우를 설득해 토론하리에 들어오게 할 것이라는 이야기를 해 주었다. 가만히 듣고 있던 태하가 입을 열었다.

"뭐야, 아직 들어간 것도 아니네. 그건 그렇고 너희 왜 이렇게 열심이야? 특히 구르미 너. 내가 아는 그 구르미 맞습니까?"

"시끄러. 누나가 다 사정이 있어서 그래."

태하가 손뼉을 짝 쳤다.

"좋아! 인심 썼다. 남재우는 내가 데려올게."

르미의 얼굴에 화색이 돌았다.

"넌 이 오빠 없으면 어쩔 뻔했냐?"

태하가 너스레를 떨며 르미의 머리를 쓰다듬었다. 르미는 태하의 손을 바로 쳐냈다.

"어휴, 이걸 그냥!"

태하는 얼른 몸을 피한 뒤 손을 흔들며 자기 반 교실 쪽으로 뛰어갔다.

1장

회식 메뉴는 양념치킨
vs
프라이드치킨

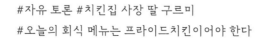

#자유 토론 #치킨집 사장 딸 구르미
#오늘의 회식 메뉴는 프라이드치킨이어야 한다

토론은 말을 하는 연습이기도 하지만
상대방의 말을 듣는 훈련이기도 합니다.

공식 질문

약속대로 태하가 재우를 영입해 왔다. 태하 말에 따르면 재우는 인원이 가장 적을 것 같아서 클래식 감상 동아리를 신청했다고 했다. 번잡한 걸 싫어한다나 뭐라나. 토론하리의 동아리원이 4명이라고 하자 별 거부감 없이 하겠다고 했단다. 중학교 때까지 부산에서 자랐다는 재우는 사투리를 썼다. 사투리를 실제로 처음 들어 본 르미와 지유는 재우의 말투를 재미있어했다.

금요일 동아리 활동 시간, 르미는 도서관 건물 2층에 있는 동아리실로 올라갔다.

"어서 오세요."

청바지에 줄무늬 카디건. 처음 봤던 모습처럼 편한 복장의 신비 선생님이 아이들을 맞이했다. 아이들은 얼쯤얼쯤하며 교실 안으로 들어왔다. 오래되어 보이는 책상들을 교실 양쪽으로 정렬해 만들어진 중앙의 공간에는 책상과 의자가 4개씩 나란히 놓여 있었다.

"그러니까 여러분이 '뉴 토론하리' 멤버로군요."

자리에 앉은 넷을 둘러보며 신비 선생님은 평소에 도서관은 자주 오는지, 장소는 마음에 드는지 등을 물었다.

"입시 지옥에 빠져 있는 3학년만 보다가 생기발랄한 1학년 학생들을 보니 기분이 새롭네요."

인사를 마친 선생님이 분필을 들어 칠판 왼쪽에는 프라이드치킨, 오른쪽에는 양념치킨이라고 크게 썼다.

"여러분, 토론하리 공식 질문입니다. 아니, 공식 질문이었다고 해야 할까요?"

신비 선생님은 아이들을 바라보면서 싱긋 웃었다.

"아무튼 프라이드치킨이 좋나요, 아니면 양념치킨이 좋나요? 먼저 프라이드치킨 손 들어 볼까요?"

갑작스러운 질문에 아이들은 어리둥절한 얼굴로 서로를 바라보았다. 잠시 후 르미가 손을 들었고, 곧이어 재우도 천천히 손을 들었다. 태하와 지유는 양념치킨에 더 끌리는지 손을 들지 않았다. 의견이 나뉜 것을 확인한 선생님이 재우를 불렀다.

"재우는 왜 프라이드치킨이 좋은가요?"

"맛있어요. 프라이드치킨이 양념치킨보다 맛있어서요."

신비 선생님은 고개를 끄덕였다.

"간결한 대답이었지만 이보다 더 확실한 논거는 없어 보이죠? 프라이드치킨과 양념치킨은 본질적으로는 음식이라는 공통점이 있어요. 그렇다면 둘의 가치를 비교하기 위해서는 궁극적으로는 '맛'이 보장되어야겠지요. 양념치킨보다 프라이드치킨이 맛있다면 프라이드치킨이 더 좋은 음식이라는 결론에 이르게 될 거예요."

신비 선생님은 태하에게도 똑같은 질문을 던졌다.

"태하는 왜 양념치킨을 선택했죠?"

"저는 양념치킨이 더 맛있던데요. 프라이드치킨은 밍밍해서 잘 못 먹어요."

선생님은 다시 한번 고개를 끄덕이고는 말했다.

"논거로서 '맛'의 문제는 바로 이겁니다. 지금 본 것처럼 맛의 기준은 사람마다 다르죠. 그래서 상대를 설득하는 논거로 사용하기에는 부적합합니다. 물론 주관적인 판단도 많은 사람을 대상으로 조사한 결과물, 예컨대 설문조사 등은 논거로 사용될 수 있어요. 하지만 지금은 표집 대상이 4명뿐이고, 그나마도 두 의견이 팽팽히 갈리고 있으니 이런 상황에서는 적절한 논거가 될 수 없어요."

아이들은 무언가에 홀린 듯 멍한 표정으로 신비 선생님을 바라보았다. 선생님은 이런 반응이 익숙한 듯 묘한 웃음을 띠며 안경을 고쳐 썼다.

"자, 이제부터 둘로 나뉘어서 토론을 준비해 볼까요?"

신비 선생님은 칠판을 지우고 다시 분필을 들었다.

오늘 회식 메뉴는 양념치킨이 아닌 프라이드치킨이어야 한다.

"토론에서 의견을 나눌 이야기를 '논제'라고 해요. 쉽게 말하면 논제는 토론의 주제인 셈이죠. 오늘 토론의 논제는 이거예요."

선생님은 오른손에 쥔 분필 끝으로 칠판을 가볍게 두 번 톡톡 쳤다. 태하가 번쩍 손을 들었다.

"'오늘 회식'이라고 쓰셨는데, 둘 중 하나를 먹는 건가요?"

"눈치가 빠르군요. 동아리 첫날이니까 내가 쏘겠습니다. 대신 토론을 해서 이긴 쪽의 의견을 따를 거예요."

치킨을 쏜다는 선생님의 말에 아이들은 한껏 상기되었다. 이번에는 지유가 손을 들었다.

"처음에 선생님께서는 프라이드치킨이 좋은지 양념치킨이 좋은지 물어보셨는데, 칠판에 쓰신 건 오늘 회식 메뉴 선정에 관한 내용인데요?"

"좋은 질문이에요. 지유의 말처럼 내가 처음에 했던 질문과 칠판에 쓴 논제의 형식은 다릅니다. 토론의 논제는 일정한 형식이 있거든요."

선생님은 다시 칠판에 글씨를 쓰기 시작했다.

1. 찬성과 반대가 분명하게 나뉘어야 한다.
2. 평서형의 문장으로 쓴다. (의문형 ×)

"토론 논제는 찬성과 반대가 분명하게 나뉘어야 해요. '프라이드치킨이냐 양념치킨이냐'는 토론의 형식에 맞지 않아요. '오늘 회식 메뉴는 양념치킨이 아닌 프라이드치킨이어야 한다는 의견에 찬성이냐 반대냐'가 토론 논제의 형식에 가깝지요. 그리고 논제는 질문형이 아닌 평서형이어야 합니다. 그래야 혼동이 생기지 않아요."

설명을 마친 신비 선생님은 손뼉을 치고 두 손을 맞잡으며 말했다.

"자, 그럼 둘씩 짝을 맞춰서 앉아 보세요. 찬성은 찬성끼리 반대는 반대끼리. 프라이드치킨이 찬성, 양념치킨이 반대예요."

교실의 오른편에는 르미와 재우가, 왼편에는 지유와 태하가 앉았다. 같은 편끼리 의견을 나눌 때 상대편의 말이 들리지 않아야 한다는 선생님 말에 양측은 서로의 간격을 좀 더 벌렸다.

"이제부터 각자 팀끼리 머리를 맞대고 자신이 선택한 치킨이 상대편보다 가치 있는 이유를 정리해 보세요. 그 전에 명심할 것 한 가지, 처음부터 좋은 의견을 내려고 욕심내지 마세요. 그저 생각나는 대로 내놓은 의견 중에 괜찮은 것을 모으는 방식이 더 효율적입니다. 이걸 브레인스토밍(Brainstorming)이라고 하죠. 지금부터 20분 동안 논의하면서 괜찮은 논거 두 가지를 뽑아 보세요. 그럼 시작!"

20년간 치킨집을 운영하고 있는 엄마의 영향으로 치킨에 관해서는 거의 반전문가를 자처하는 르미였지만 막상 프라이드치킨의 장점에 대해서 말하려고 하니 말문이 막혔다. 재우 역시도 지금까지 수많은 치킨을 먹어 왔지만 왜 양념보다 프라이드를 좋아하는지에 대해 설명하는 것은 쉬운 일이 아니었다.

"프라이드가 왜 좋아?"

"니는 왜 좋은데?"

"일단 바삭하잖아. 난 바삭한 식감을 좋아하거든."

"나도. 니는 부먹파가 찍먹파가?"

"당연히 찍먹파지."

"그렇지. 뭘 좀 아네."

통하는 걸 발견한 르미와 재우는 하이파이브를 했다. 하지만 딱히 다른 이유가 떠오르지 않자 둘 사이에 다시 정적이 흘렀다. 그러다 무언가를 결심한 듯 르미가 말을 꺼냈다.

"사실 우리 엄마가 치킨집 하셔."

"진짜가? 우와, 부럽다. 맨날 치킨 먹겠네!"

"치킨집 한다고 매일 치킨 먹는 거 아니거든? 암튼 우리 엄마 말로는 어떤 치킨집이 맛집인지를 알려면 프라이드치킨을 먹어 보면 된댔어."

"전문가가 하신 말씀이니까 뭔가 설득력 있네."

"뭐, 20년 동안 치킨집을 하시긴 했지만 전문가까지는……. 어쨌든 내 생각에도 치킨 본연의 순수한 맛을 느낄 수 있는 건 아무래도 양념보다는 프라이드거든."

"그래, 니 말대로 양념치킨은 자극적이지. 매운 걸 못 먹는 사람들은 양념치킨 못 먹는다 아이가. 니는 매운 거 잘 먹나?"

"난 잘 못 먹어. 넌?"

"나도 못 먹는다. 매운 거 조금만 먹어도 땀이 나기 시작하는데, 그거 감당하기 힘들거든."

"오케이. 이것도 적어 두자. '매운 걸 못 먹는 사람도 있으니 양념치킨은 시키지 말자.'"

르미가 시계를 확인하자 주어진 시간이 5분밖에 남지 않았다. 두 사람은 지금까지 나눈 대화를 토대로 두 가지의 논거를 정리했다.

첫째, 치킨 본연의 맛을 느끼기 위해서는 프라이드치킨을 먹어야 한다.

둘째, 매운 것을 먹지 못하는 사람도 잘 먹을 수 있다.

치킨 맛집의 기준은 프라이드치킨 맛이라는 르미 엄마의 말은 전문가의 의견을 인용하는 방식으로 첫 번째 논거의 근거로 활용하기로 했다. 르미는 엄마를 '전문가'라고 칭하는 게 쑥스럽고 어색했지만 재우는 절대 빼면 안 된다며 고집을 부렸다. 같은 말이라도 전문가가 하면 믿을 만해진다는 이유에서였다. 르미는 지유와 태하 쪽을 바라봤다. 깍지를 끼고 의자에 등을 기댄 태하의 표정을 보니 만족스러운 결과물이 나온 모양이었다. 메모를 훑어보고 있는 지유의 얼굴에서도 자신감이 느껴졌다. 살짝 불안감이 엄습하는 순간, '때앵―' 하고 울리는 맑은 종소리가 교실을 채웠다.

선생님은 토론을 시작할 거라며 서로 마주 볼 수 있도록 책상을 옮겼다. 찬성 팀과 반대 팀 사이에는 책상 3개 정도의 공간을 두어 서로 어떤 자료를 보고 있는지 확인할 수 없게 했다.

"자리는 대강 정리된 것 같네요. 앞으로도 토론 자리 배치는 이런 식으로 할 겁니다."

선생님은 아이들을 쭉 훑어보았다.

"오늘은 첫날이니까 간략한 형식의 자유 토론으로 진행할게요. 여러분은 각자의 주장에 해당하는 논거 두 가지를 준비해 두었을 겁니다. 각 입장의 첫 번째 발언자는 지금 내가 말하는 형식을 따라 하면 됩니다. 우선 '저희는 오늘 회식 메뉴는 양념치킨이 아닌 프라이드치킨이어야 한다는 주장에 찬성 혹은 반대합니다'라는 말로 시작하세요. 그리고 여러분이 준비한 논거를 하나씩 말하면 됩니다. '첫째, 둘째' 이렇게요. 첫 번째 발언을 누가 할지는 여러분이 정하기 바랍니다."

말을 마친 신비 선생님은 칠판에 무언가를 쓰기 시작했다. 그러자 재우가 부탁한다는 듯한 눈빛으로 르미를 바라보았다. 르미도 그다지 자신이 있는 건 아니었지만 준비해 둔 원고를 믿고 첫 번째 발언을 맡기로 했다. 반대 측에서는 이미 첫 번째 발언자인 지유가 원고를 살펴보고 있었다. 르미도 원고를 다시 훑어봤지만 긴장 때문인지 글자가 눈에 잘 들어오지 않았다.

"첫 번째 발언을 토론에서는 '입론'이라고 합니다. 먼저 찬성 측이 발언할 거예요. 그리고 찬성 측 입론이 끝나면 반대 측이 입론합니다. 양측의 입론이 끝나면 찬성 측부터 반대 측 입론 발언자에게 입론에 대한 반론을 하면 됩니다. 다음은 같은 순서로 반대 측에서 반론을 할 거고요. 그 후에는 찬성 측이든 반대 측이든 발언권을 먼저 얻는 사람부터 자유롭게 반론하면 됩니다. 적절하게 논의가 되면 내가 마무리를 할 거예요."

신비 선생님의 얼굴에 희미한 미소가 떠올랐다. 토론이 시작되기 전의 긴장감을 즐기고 있는 듯했다.

"시작하기 전에 조언 하나만 할게요. 토론의 목표는 상대방의 주장보다 자신의 주장이 더 설득력이 있다는 걸 증명하는 것이에요.

자신의 주장만 일방적으로 펼쳐 봐야 설득력을 얻기는 어려워요. 토론은 말하는 연습이기도 하지만 말을 듣는 훈련이기도 하답니다. 그러니까 토론을 시작하면 상대방의 주장을 메모하면서 들었으면 좋겠어요. 어떻게 하면 더 잘 들을 수 있을지 궁리하면서 말이죠."

선생님의 말이 끝나자 재우가 주섬주섬 메모지와 필기도구를 꺼냈다. 그리고 그제야 급하게 지유에게 필기구를 빌리는 태하에게 르미는 필기구도 안 가지고 다니냐며 핀잔을 줬다. 아이들이 모두 준비되기를 기다리던 선생님은 분위기가 정돈되자 토론 시작을 알리는 종을 울렸다.

토론할 때 유의사항

1. 토론 규칙을 준수한다.
2. 인신공격을 하지 않는다.
3. 상대방의 논리가 타당하면 인정한다.
4. 타당한 근거를 들어 주장해야 한다.
5. 상대방의 말에 경청하고, 토론 과정에서 예의를 지킨다.
6. 상대의 주장이나 공격에 감정적으로 대응하지 않고 논리적으로 반박한다.

처음

"자, 이제 토론을 시작할게요. 이번 토론 논제는 '오늘 회식 메뉴는 양념치킨이 아닌 프라이드치킨이어야 한다'입니다. 동아리 활동 첫날이니만큼 회식이 필요하겠지요? 회식 메뉴를 치킨으로 선정하긴 했지만, 양념치킨을 좋아하는 사람도 있고 프라이드치킨을 좋아하는 사람도 있어서 어떤 종류의 치킨을 배달시켜야 할지 판단하기 어렵습니다. 따라서 토론을 통해 구체적인 메뉴를 선정하고자 합니다. 먼저 찬성 측 입론해 주세요."

선생님의 진행으로 토론이 시작되었다. 먼저 발언권을 얻은 르미가 일어서야 할지 앉아야 할지를 몰라 의자에서 반쯤 일어선 채로 선생님을 바라보았다. 선생님은 손바닥을 아래에서 위로 올렸다. 일어서서 하라는 뜻이었다. 그제야 엉거주춤 자리에서 일어난 르미는 다소 긴장된 모습으로 준비한 내용을 읽기 시작했다.

"저희는 오늘 회식 메뉴는 양념치킨이 아닌 프라이드치킨이어야 한다는 주장에 찬성합니다. 첫째, 치킨 본연의 맛을 살릴 수 있는 것은 프라이드치킨이기 때문입니다. 음…… 양념치킨은 양념 때문에 치킨 본연의 맛을 느낄 수 없습니다. 20년 동안 치킨집을 운영해 온 한 전문가의 의견에 따르면, 진짜 맛있는 치킨집을 가려내기 위해서는 프라이드치킨을 맛보아야 한다고 했습니다. 이처럼 치킨의 기본에 충실한 프라이드치킨은 치킨 본연의 맛을 느끼기에 적합한 요리입니다. 둘째, 매운 것을 먹지 못하는 사람도 잘 먹을 수 있습니다. 어…… 저와 재우는 매운 음식을 잘 못 먹습니다. 여러분은 어떤지 모르겠지만 5명 중에 2명이 매운 음식을 못 먹는다면 회식 메뉴로는 부적합하다고 생각합니다."

신비 선생님은 미리 준비한 원고를 읽기보다는 토론 참가자들에게 두루 시선을 주면서 말하듯이 발언하라고 했지만, 토론이 처음인 르미에게는 쉽지 않은 일이었다. 긴장 때문에 글자가 눈에 잘 들어오지 않는데도 막상 발언을 시작하니 자꾸만 손에 쥐고 있는 연습장에 눈이 갔다. 그렇게 르미는 중간에 한숨을 섞기도 하고 머뭇거리기도 해 가면서 겨우 입론을 마쳤다.

"찬성 측 입론 잘 들었습니다. 수고했어요, 구르미 학생."

르미를 향해 살짝 미소를 지어 보인 신비 선생님이 진행을 이어

나갔다.

"그럼 이제 반대 측 입론이 있겠습니다."

"저희는 오늘 회식 메뉴는 양념치킨이 아닌 프라이드치킨이어야 한다는 주장에 반대합니다. 양념치킨은 프라이드치킨의 단조로운 맛을 극복하기 위해 만들어진 음식입니다. 지금 시중에 나와 있는 수많은 종류의 치킨 요리는 양념의 다양성을 토대로 만들어졌습니다. 따라서 단조로움이라는 프라이드치킨의 한계를 극복한 양념치킨을 먹어야 합니다. 둘째, 프라이드치킨과 달리 양념치킨은 닭가슴살 같은 퍽퍽한 부위도 남김없이 먹을 수 있습니다. 보통 프라이드치킨을 먹게 되면 인기 있는 부위와 인기 없는 부위가 극명하게 나뉩니다. 다리나 날개는 모두에게 사랑받는 반면에 닭가슴살은 퍽퍽해서 다 먹지 못하고 남긴 경험이 다들 있을 겁니다. 하지만 양념치킨의 양념은 닭가슴살의 맛을 살려 줌으로써 모든 부위를 남김없이 먹을 수 있도록 도와줍니다."

단 한 번의 실수 없이 깔끔하게 진행된 지유의 발언이 끝나자 옆에 앉은 태하가 박수를 쳤다. 발표를 마친 지유가 조용히 자리에 앉았다. 웃음기는 없었으나 지유는 자신의 발언에 만족한 것 같았다. 메모를 하면서 반대 측 입론을 듣던 재우는 자신감 넘치는 지유의 발언에 고개를 절레절레 흔들었다. 그렇지만 긴장의 끈을 놓을 수는 없었다. 반론의 시간이 기다리고 있었기 때문이다.

"양측 입론 잘 들었습니다. 이제 반론으로 들어가 보겠습니다. 토론 시작 전에 말한 바와 같이 양측이 한 번씩 반론을 한 다음부터는 발언권을 얻어 자유롭게 토론하겠습니다. 그럼 찬성 측 발언자, 반대 측 입론에 대해 반론해 주세요."

메모 내용을 살펴보면서 재우가 일어섰다.

"반대 측은 프라이드치킨의 맛이 단조롭다고 했습니다. 그렇지만 그 말은 프라이드치킨 맛에 대한 이해가 부족하기 때문이라고 생각합니다. 프라이드치킨의 바삭한 식감, 베어 물 때 맛볼 수 있는 촉촉한 육즙, 튀김옷에 살짝 버무려진 양념의 맛 등 프라이드치킨만이 가진 독특함이 있습니다."

비록 사투리 특유의 억양이 없는 것은 아니었지만 발표할 때 재우는 사투리를 거의 쓰지 않았다. 게다가 구체적이고 실감 나는 프라이드치킨의 맛 설명에 르미는 저도 모르게 입맛을 다셨다.

이어 반대 측 반론이 이어질 차례였다. 르미를 바라보며 천천히

자리에서 일어나는 태하의 얼굴에서 옅은 웃음기가 보였다. 르미는 알고 있었다. 저건 태하가 재미있다고 느낄 때 나오는 표정이라는 것을. 태하는 천천히 자신의 책상 앞으로 걸어가더니 찬성 쪽을 슬쩍 본 후 관자놀이를 매만졌다.

"찬성 측에서 말한 '치킨 본연의 맛'이라는 것에

대해 생각해 보았습니다. 찬성 측에서 생각하는 치킨 본연의 맛은 무엇인가요? 앞서 말한 것처럼……."

태하는 잠시 말을 끊고 갑자기 책상 위를 뒤적거리며 무언가를 찾는 시늉을 하더니 이내 종이를 하나 쥐고 읽었다.

"프라이드치킨의 바삭한 식감, 베어 물 때 맛볼 수 있는 촉촉한 육즙, 튀김옷에 살짝 버무려진 양념의 맛, 이건가요?"

"네, 맞습니다."

태하는 어설프게 텔레비전 드라마에 나오는 검사 흉내를 내는 자신의 행동이 겸연쩍었는지 멋쩍게 웃었다. 하지만 헛기침을 몇 번 한 다음에는 다시 진지한 표정으로 돌아와 발언을 이었다.

"네, 멋진 맛 표현이었습니다. 그렇지만 안타깝게도 저희는 프라이드치킨의 맛을 잘 아는 전문가가 아닙니다. 그런 맛의 차이를 구별할 줄 아는 사람이 몇 명이나 있을까요? 저 같은 일반인은 구별하기 어려울 겁니다. 그만큼 단조롭다는 얘기죠. 반면에 양념치킨을 보십시오. 매우면서 달고! 달면서 짜고! 짜면서도 맵습니다. 얼마나 다양합니까? 여러분은 브랜드별로 다른 프라이드치킨 맛을 구별할 수 있나요? 저를 비롯한 반대 측은 그렇지 않습니다. 대신 양념은 얘기가 다르죠. 훨씬 직관적인 맛입니다. 그래서 사람들은 양념치킨이 더 맛있다고 느끼는 것입니다."

발언을 마친 태하가 자리로 돌아왔다. 자신의 발언이 마음에 들었는지 아니면 검사놀이가 재미있는지 아무튼 뿌듯해 죽겠다는 표정이었다. 신비 선생님은 흥미로운 표정으로 태하의 모습을 바라보았다. 그러고는 옅은 웃음을 지은 채 아이들에게로 시선을 옮겼다.

"지금부터 자유 토론입니다. 순서에 상관없이 발언을 하고 싶은 사람은 발언권을 얻어 발언해 주세요."

태하의 활약으로 활기를 띠었던 토론 분위기가 순식간에 가라앉았다. 누구에게나 발언권이 있다는 것은 거꾸로 말하면 누구도 말하지 않아도 되는 것과 같았다. 서로 눈치를 보며 얼쯤얼쯤하느라 교실에는 어색한 정적이 흘렀다.

"이 정적과 고요. 나는 이런 상황에 아주 익숙하답니다."

신비 선생님은 예상했다는 듯 여유롭게 웃었다.

"논의할 시간이 필요하죠?"

"네, 선생님. 뭔가 걸리는 게 있는데 정리가 안 돼요."

"선생님, 조금만 생각할 시간을 주시면 안 될까요?"

지유와 르미가 기다렸다는 듯 말했다.

"여러분이 너무 잘해서 토론이 처음이라는 걸 까맣게 잊고 있었어요. 그럼 지금부터 10분간 숙의 시간을 갖도록 하죠. 양측은 필요한 논의를 해 주세요. 종이 울리면 다시 시작하겠습니다."

선생님의 말이 끝나기 무섭게 네 아이가 분주하게 움직였다. 아까 태하가 발언할 때부터 고개를 갸우뚱거리며 머리카락 끝을 말고 있던 르미는 재우의 팔을 톡톡 쳤다. 그리고 재하와 지유가 들을 수 없을 만큼 작은 소리로 말했다.

"방금 태하가 말한 거 좀 이상하지 않아?"

"뭐가 이상한데? 나는 잘한 거 같은데?"

"아니, 생각해 봐. 프라이드치킨은 맛이 단조롭다고 했잖아. 그리고 양념치킨은 맛이 다양하고."

"그랬지. 근데 그게 왜? 맞는 말 아이가?"

조금 전 프라이드치킨을 맛깔나게 표현하던 재우가 맞나 싶었다. 재우는 이미 양념치킨 쪽으로 반쯤 넘어간 것 같았다.

"맞는 말 맞지. 근데 문제는! 그거랑 회식 메뉴랑 무슨 상관이 있냐는 거야."

그제야 재우는 감을 잡았다는 듯이 고개를 끄덕였다.

"니 말 대강은 이해했다. 그러니까 맛하고 회식 메뉴 선정하고는 관련이 없다는 말 아이가?"

"그렇지. 우리 쪽은 프라이드치킨이 맛있다고 하고 있고, 저쪽은 양념치킨이 더 맛있다고 하는 거잖아."

"그렇지."

"근데 맛은 중요한 게 아니야. 선생님도 그러셨잖아. 맛은 적절한 근거가 안 된다고. 근데 우린 지금 서로 본인이 선택한 치킨이 더 맛있다고 말하고 있는 거야. 표현만 다를 뿐이지."

"듣고 보니 그런 것 같네. 그럼 뭐가 중요한데?"

"논제를 봐."

르미의 손가락을 따라 재우가 칠판을 바라봤다. 그제야 재우는 무언가를 깨달았다는 듯 손가락을 튕겨 딱 소리를 냈다.

"맞네. 그거네."

"그래, 중요한 건 프라이드치킨과 양념치킨 둘 중 뭐가 더 맛있는가가 아니야. 왜 이 치킨이 회식 메뉴가 되어야 하는가를 따져야 한다고."

"내 지금 소름 돋았다. 니 좀 까리하데이."

재우가 정말로 닭살이 돋은 듯 팔을 쓰다듬었다. 르미는 뭔가를 해낸 것 같아 뿌듯해졌다. 태하의 반론을 들을 때 고개를 갸우뚱했던 건 토론의 방향이 왠지 잘못되고 있다는 느낌이 들었기 때문이다. 하지만 정확하게 무엇이 잘못되었는지 짚어 낼 수는 없었는데, 재우와 이야기를 하면서 자연스럽게 생각이 정리된 것이다.

잠시 뒤 다시 토론 시작 종이 울리자마자 손을 들어 발언권을 요청한 르미가 자리에서 일어섰다.

"반대 측에서는 프라이드치킨은 단조롭고 양념치킨은 다양하다고 했습니다. 이것은 양념치킨이 더 맛있다는 말인 거죠?"

"네, 그렇습니다."

"그러니까 정리하면 프라이드치킨보다 양념치킨이 더 맛있기 때문에 회식 메뉴로 양념치킨이 선정되어야 한다고 말한 겁니다. 맞습니까?"

태하는 당연한 걸 왜 자꾸 묻느냐는 듯 짧게 '네'라고 말했다. 순간, 같은 질문을 계속하는 의도를 파악하려고 세심하게 르미를 살피던 지유가 짧게 한숨을 쉬었다. 태하의 대답을 들은 르미의 얼굴에 옅은 미소가 번지는 걸 눈치챘기 때문이다.

"토론을 시작하기 전에 선생님께서 말씀하셨듯이 맛을 판단하는 기준은 사람마다 다릅니다. 그러니까 오늘 회식 메뉴를 무엇으로 할 것인지를 결정할 때에 맛은 적절한 기준이 될 수 없습니다. 너무 주관적이기 때문이죠. 반대 측은 주관적인 생각을 판단 기준으로 삼는 오류를 범했습니다."

르미는 긴 숨을 내쉬어 흥분으로 떨리는 목소리를 가다듬고 발언을 이어 나갔다.

"반면에 치킨 본연의 맛을 강조하는 저희 측의 주장은 다릅니다. 저희는 프라이드치킨이 양념치킨보다 더 맛있으니 프라이드치킨을 먹자는 것이 아닙니다. 치킨 본연의 맛을 느껴 보자는 것이죠. 이상입니다."

"네, 찬성 측 반론 잘 들었습니다. 맛이라는 주관적인 생각을 판단의 기준으로 삼은 반대 측의 오류를 지적하는 반론이었습니다.

반대 측 발언하겠습니까?"

선생님이 말을 마치자 반대 측 발언을 위해 지유가 천천히 자리에서 일어났다.

"찬성 측에서는 저희가 맛을 강조하는 것이 주관적인 기준이라고 했습니다. 하지만 저희가 보기에는 찬성 측에서 주장하는 치킨 본연의 맛도 결국 맛을 강조한 것으로 보입니다. 따라서 찬성 측에서도 '프라이드치킨이 더 맛있다'라는 말을 한 셈이라고 볼 수 있습니다. 또 매운 음식을 먹지 못한다는 이유로 프라이드치킨을 먹자고 주장했습니다. 하지만 양념치킨의 양념이 매운 맛만 있는 것은 아닙니다. 매운 맛을 먹지 못한다면 상대적으로 달콤한 맛이 강조되어 있는 양념치킨을 선택할 수 있습니다. 찬성 측은 '양념치킨' 하면 떠올리는 일반적인 양념, 즉 고추장이 첨가된 빨간 양념만을 한정해서 생각하고 있는 듯한데, 이는 양념치킨의 다양성을 고려하지 않은 편협한 전제에서 비롯되는 오류라고 생각합니다. 선택권이 없는 프라이드치킨보다는 다양한 선택권이 있는 양념치킨이 오히려 5명의 구성원이 만족할 만한 선택을 할 가능성이 더 큽니다."

역시 성지유는 만만치 않은 상대였다. 재우가 프라이드치킨 본연의 맛을 표현하기 위해 언급했던 식감이나 육즙 같은 것들도 결국 '맛'이라는 범위 안에 들어간다고 규정한다면 찬성 측 역시 같은 오류를 범한 것이 되고 만다. 상대를 향한 공격이 부메랑처럼 돌아와 오히려 자신을 습격한 것이다. 공을 들여 준비한 발언이 수포로 돌아가자 르미는 멍해졌다. 그때, 재우가 불쑥 손을 들어 발언권을 요청했다. 그러나 정작 발언권을 얻자 잠시 뜸을 들였다. 자연스럽게 모두의 시선이 집중되었다.

"저는 토론을 잘 모릅니다."

뜬금없는 고백에 모두들 당황한 눈치였다. 난데없이 토론을 잘 모른다니. 드디어 재우가 양념치킨 쪽으로 넘어갔다고 생각하며 르미는 두 손으로 머리를 쥐고 책상 위로 고개를 숙였다. 재우는 그런 르미의 어깨를 손바닥으로 가볍게 툭툭 치더니 마저 입을 열었다.

"그래서 토론 동아리는 전혀 관심 없었습니다. 그런데 막상 토론을 해 보니 진짜 재밌네요."

생각과는 다른 방향의 발언이 이어졌다. 르미는 살짝 고개를 들어 주위를 둘러봤다. 오늘 토론이 재밌었다는 말에 고개를 끄덕이며 웃고 있는 태하와 지유가 보였다. 선생님도 흐뭇한 표정으로 재우의 발언을 지켜보고 있었다. 모두가 재우의 말에 귀를 기울였다.

"회식은 구성원들의 단합을 도모한다는 의미가 있습니다. 게다가 첫 번째 회식이라면 우리 동아리의 의의를 담는 것도 좋지 않을까요? 앞서 말씀드렸다시피 프라이드치킨을 먹으면 치킨 본연의 맛을 느낄 수 있습니다. 반대 측에서는 프라이드치킨 맛을 잘 모른다고 했는데, 토론을 전혀 몰랐던 제가 여러분의 도움으로 토론에 재미를 느낀 것처럼 저희가 여러분을 그 맛의 세계로 인도하겠습니다. 또 반대 측에서 퍽퍽한 살은 잘 안 먹어서 남긴다고 했는데, 그건 제가 먹겠습니다. 저 그거 잘 먹습니다."

퍽퍽한 살은 본인이 먹겠다는 말에 지유가 피식 웃음을 터뜨렸다. 태하 역시 큰 소리로 호탕하게 웃으며 박수를 쳤다. 가볍게 한숨을 뱉으며 자리에 앉는 재우를 향해 르미가 손바닥을 올렸다. 하이파이브를 하는 재우의 얼굴에 그제야 옅은 미소가 배어 나왔다. 토론의 종료를 알리는 '때앵—' 하는 청명한 소리가 교실 구석구석을 누비며 분주하게 움직였다.

무승부

"다들 수고 많았어요."

토론이 끝나자 모두 숨죽이며 신비 선생님을 바라보았다. 오늘 있었던 토론에 대해 이야기를 할 거라고 생각했기 때문이다. 재우의 마지막 발언으로 풀린 것 같았던 긴장감이 선생님의 논평 차례가 되자 다시 살아났다.

"다들 왜 그렇게 나를 노려보고 있나요?"

선생님의 농담에도 아이들은 섣불리 긴장을 풀지 못했다.

"내 말을 기다리고 있나 보네요. 솔직하게 말해도 되죠?"

혹시 안 좋은 평가를 하면 어쩌지 하는 마음이 없지는 않았지만 아이들은 누가 먼저랄 것도 없이 '네' 하고 대답했다. 처음 하는 토론이니 안 좋은 평가를 받는다고 해도 잃을 게 없다는 생각이었다.

"솔직히 말하면, 좀 놀랐어요. 이렇게 잘할 줄 몰랐거든요."

그제야 아이들이 안도의 한숨을 쉬었다.

"여러분 덕분에 조금 힘이 나네요. 예전 토론하리 선배들이 처음 토론했을 때에 비하면 정말 정말 잘하고 있는 겁니다."

신비 선생님은 '정말'을 두 번씩이나 강조하면서 아이들을 진심으로 칭찬했다.

"특히 남재우 학생."

선생님은 재우를 향해 미소를 지었다.

"로고스(Logos), 파토스(Pathos), 에토스(Ethos)라는 게 있어요. 혹시 들어 봤나요?"

재우가 고개를 저었다. 다른 아이들 역시 처음 들어 본 반응이었다.

"용어가 좀 어렵죠? 고대 그리스의 철학자 아리스토텔레스가 『수사학』이라는 책에서 밝힌 설득의 3요소를 말한답니다. 로고스는 '이성'이에요. 발언이 이성적이고 논리적일수록 설득력이 올라간다고 합니다. 맞는 것 같죠?"

아이들은 고개를 끄덕이는 걸로 아리스토텔레스의 의견에 동의를 표했다. 지유가 노트에 '로고스'라고 쓰자 옆에 있던 태하도 펜을 들어 따라 적었다.

"파토스는 '감성'이에요. 듣는 이의 감성을 건드리면 발언의 설득력을 높일 수 있다고 합니다. 나는 재우가 우리의 감성을 잘 건

드렸다고 봐요. 토론하리를 치킨과 연결시킬 줄은 몰랐네요. 오늘 토론이 재밌지 않았냐고 질문을 던지면서 공감대를 형성하고 여러분의 귀를 쫑긋하게 만들었잖아요? 게다가 닭가슴살은 자신이 먹겠다는 마무리까지! 정말이지 파토스의 전형을 보는 것 같아서 내심 엄청 놀랐답니다."

르미가 옆에서 '오—' 하면서 박수까지 쳐 주자 재우가 쑥스러운 듯 고개를 숙였다.

"마지막 '에토스'라는 게 있답니다. 말하는 이의 성품이나 매력, 인성 등을 뜻하죠. 토론은 처음이라는 재우의 발언에 우리가 마음이 쏠리게 된 것은 그가 자신의 입장을 솔직하게 말해 주었기 때문입니다. 이런 솔직한 모습이 발언의 설득력을 강화시킨 것이죠. 재우는 어쩌면 천부적인 연설가일 수도 있다는 생각을 했어요."

"선생님, 계속하시면 재우 얼굴이 터질 것 같아요."

태하가 손가락으로 재우를 가리켰다. 태하 말대로 재우는 귀에서 목까지 붉게 달아올라 있었다. 그 모습을 보고 모두가 웃었다.

"그래요. 그렇지 않아도 이제 마무리해야 해요. 도착할 때가 되었답니다."

신비 선생님이 왼팔을 들어 손목시계를 확인했다. 때마침 창밖에서 오토바이 소리가 났다.

"본래 토론은 찬성과 반대의 논리 대결입니다. 대개는 심판이나

 배심원이 토론 내용을 토대로 평가를 하고 승패를 결정합니다. 하지만 오늘은 임의로 내가 평가를 했습니다."

그때 선생님의 전화기가 울리기 시작했다.

"오늘 토론의 결과는 치킨으로 확인하세요. 그리고 치킨값은 계산해 놓을 테니 편하게 먹어도 돼요. 나는 급한 일이 있어서 교무실에 가 봐야겠습니다. 모두 수고 많았어요."

신비 선생님은 전화를 받으며 교실을 빠져나갔다. 잘 먹겠다는 인사조차 할 새 없이 순식간에 일어난 일이었다. 이윽고 양손에 치킨을 든 배달원이 도착했다. 출입문 가까이에 앉아 있던 지유와 태하가 치킨을 받았다. 치킨을 살펴보던 지유가 소리쳤다.

"반반이잖아?"

아이들이 달려와 책상 위에 치킨을 꺼냈다. 프라이드치킨 두 마리에 양념치킨 두 마리. 반반이었다.

"뭐야, 우리 왜 이렇게 박 터지게 싸운 거야?"

태하가 허무하다는 듯 말했다.

"처음부터 반반을 시켜 놓으신 것 같은데?"

지유도 허탈하게 웃었다.

"그래도 뭐, 재밌었잖아. 언제 우리가 치킨 얘기를 이렇게 진지하게 해 보겠어?"

능숙하게 치킨 상자를 열면서 르미가 말했다.

"선생님도 같이 드시면 좋을 낀데, 그냥 가시뿌노?"

르미를 도와 치킨 무와 젓가락을 꺼내던 재우가 아쉬워하며 말했다.

"신비 선생님 약간 좀 신비주의인 듯."

모두가 웃으며 치킨을 먹기 시작했다. 어쩌면 신비호 선생님은 '신비'라는 별명을 즐기고 있을지도 모른다는 생각을 하며 르미는 프라이드치킨 닭다리를 뜯었다.

고대 그리스 토론의 광장

고대 그리스의 아고라 광장은 물품을 사고파는 시장이자 토론의 광장이었다. 그곳은 아테네 시민이 모여 각종 정치 현안과 철학, 예술에 대한 열띤 토론을 벌이는 대화의 장이었으며, 지위와 부에 상관없이 누구나 연단에 서서 발언할 수 있었던 연설의 공간이었다. 고대 그리스가 오늘날 민주주의의 효시라 불릴 수 있는 것은 시민이라면 누구나 토론에 참여하여 자유롭게 정치, 사회, 경제 현안에 대한 대화를 나눌 수 있는 문화가 존재했기 때문이다.

아고라 광장에서는 소피스트들이 각종 분쟁에 개입하여 의뢰인을 대신해 변론을 해 주기도 했다. 소피스트는 그리스에서 교양이나 학예, 특히 변론술을 가르치는 일을 직업으로 삼던 사람들을 가리켰다. 이들이 의뢰인을 위해 변론을 펼치면, 배심원들은 더 설득력 있는 쪽에 작은 돌멩이를 놓았다. 마지막에 돌멩이가 많은 쪽이 이기는 것이다. 이처럼 고대 그리스에서는 말을 잘하는 능력이 매우 중요했기 때문에 조리 있게 말하는 방법이나 상대를 설득하는 방법에 대한 이론이 일찍부터 발달했다.

신비 선생님의 보충수업

　여러분, 안녕하세요? 토론 동아리 '토론하리'의 지도교사인 하리 고등학교 국어 교사 신비호입니다. 우리 토론하리 친구들은 신비 선생님이라고 부르죠.

　토론하리 친구들의 이야기가 재미있었다면 '토론'에 대해서도 궁금해질 텐데요. 그런 여러분을 위해서 보충수업을 준비했답니다. 이 시간에는 토론에 대한 것들이나 생각해 볼 만한 것들을 함께 나눌 거예요. 제 질문에 차근차근 답하다 보면 토론 공부가 그리 어렵지 않을 겁니다.

　먼저, 토론에서 사용되는 기본 용어를 소개할게요. 토론에서 사용되는 가장 기본적인 용어이니 잘 알아 두면 앞으로 진행될 토론 이야기를 지켜보는 데 도움이 될 겁니다.

▶ 논제 : 토론의 주제
▶ 논거 : 주장에 대한 근거나 이유
▶ 입론 : 자신의 주장을 세우는 발언
▶ 반론 : 상대 주장의 허점을 공격하면서 자신의 주장을 강화하는 발언
▶ 쟁점 : 찬성 측과 반대 측의 의견이 극명하게 갈리는 지점

○ **묻고 답하고**
자, 기초 용어 공부가 끝났으니 질문을 해 볼까요?

〔질문〕

토론의 주제에 해당하는 '논제'는 일정한 형식을 지켜야 해요. 그래야 토론의 논제로서 자격이 주어진답니다. 그럼 여기서 질문! 토론의 논제를 설정할 때 꼭 지켜야 하는 형식은 무엇일까요? 이야기를 잘 지켜봤다면 충분히 답할 수 있을 거예요.

〔과제〕

'토론하리'는 처음 토론을 접한 친구들이 모인 동아리입니다. 이런 친구들은 자료 조사가 필요한 논제보다는 생활에서 쉽게 접할 수 있는 논제로 토론을 시작해 보는 게 좋아요. 경험을 토대로 쉽게 논거를 이끌어 낼 수 있기 때문에 토론의 절차나 논리적으로 말하는 방법을 배우는 데 집중할 수 있게 되지요. 아래 논제 중 하나를 골라 친구들과 함께 토론해 보세요.

▶ 미성년자의 성형수술은 금지해야 한다.
▶ 교내에서 휴대전화 사용을 허용해야 한다.
▶ 중고등학생의 교복 착용 의무화를 폐지해야 한다.

○ 읽어 보세요

토론을 처음 접하는 여러분의 궁금증 해결을 위해 토론 관련 책들을 소개합니다. 토론을 어떻게 해야 할지 막막하다면 도움이 될 거예요.

<청소년을 위한 토론학교> 시리즈 (우리학교)

<꿈결 토론> 시리즈 (꿈결)

이 책들은 다양한 논제를 분야별로 분류해 토론거리를 던져 줍니다. 관심 있는 분야를 다루고 있는 책을 선택해 먼저 읽고 서서히 다른 분야로 관심을 넓혀 가는 것도 좋은 독서 방법이 되겠네요. 그러면서 자연스럽게 토론 방법을 익히고 논리력을 키우는 데 도움을 받을 수 있을 거예요.

자, 이번 보충수업은 여기까지입니다. 다음 시간에 봅시다.

2장

게임 중독은 질병이다
vs
질병이 아니다

#토론문 쓰기 #예비 프로게이머 박태하
#게임 중독을 질병으로 분류해야 한다

우리는 논리적인 말하기에 익숙하지 않습니다.
그럴 때 프렙(PREP) 과정을 토대로 말하면
생각보다 쉽게 말을 꺼낼 수 있을 거예요.

프렙

"인자 일어나라, 박태하."

누군가 어깨를 치는 느낌에 책상에 엎드려 있던 태하가 몸을 일으켰다. 앞에는 재우가 서 있었다.

"으어어어."

태하가 기지개를 켰다. 얼마나 잤는지 몰라도 제법 몸이 개운해졌다.

"지금 몇 교시냐?"

"6교시다."

"뭐?"

시계를 확인하니 2시 반이었다. 눈을 비비고 다시 봐도 여전히 시곗바늘은 2시 반을 가리키고 있었다.

"밥은 묵고 잤던 거가?"

태하는 고개를 흔들었다. 1교시에 한국사 선생님이 들어오는 걸 본 것까지는 기억이 나는데, 그 이후의 기억이 없었다. 그때부터 지금까지 쭉 잔 것 같았다.

"르미가 아침에 니 눈 풀려 보인다면서 느그 반 반장한테 니 아프다고 했다드만. 그래서 지금까지 아무도 안 깨웠는가베. 아무튼 챙기라. 동아리 가야지."

"아, 맞다. 동아리."

어쩐지 수업 시간에 엎드려 자는데도 아무도 깨우지 않은 게 이상하긴 했다. 태하는 주섬주섬 필기도구를 챙겨서 일어났다.

"도대체 어제 뭐 한 거고?"

"내가 할 일이 게임 말고 또 뭐가 있겠냐?"

어제는 '온누리'라는 게임사에서 발매한 '히어로즈'의 발매 1주년 기념 게임대회가 있는 날이었고, 태하는 주최사의 초청을 받아 선수로 참가했다. 대회가 오후에 시작된 데다가 준결승과 결승전에서는 연장승부가 이어지는 바람에 마치는 시간이 너무 늦어져 충분히 잠을 자지 못했던 것이다.

"우승했제?"

"당연한 거 아냐?"

태하가 어깨를 으쓱하자 재우가 팔꿈치로 툭 쳤다. 태하와 재우는 동아리 첫날 치킨을 먹으면서 가까워졌다. 재우는 게임을 잘하지는 못해도 즐길 줄 아는 아이였다. 주로 온라인 PC게임만을 편식하는 태하와 달리 콘솔 게임부터 레트로 게임까지 다양한 장르의 게임에 관심이 있었고 지식도 해박했다. 태하는 재우와 게임에 대해 진지한 대화를 나누는 것이 좋았다. 첫인상은 과묵해 보였는데 토론할 때 보니 원래 말이 없는 성격은 아닌 것 같았다. 그저 자기 말을 하기보다는 상대 말을 잘 들어 주는 스타일이라고 할까.

"반가워요. 잘 지냈나요?"

인사를 마친 신비 선생님이 태하를 물끄러미 바라보았다.

"그런데 박태하 학생, 그건 새로 판 도장으로 찍은 건가요?"

"네? 도장이요?"

태하는 영문을 몰라 어리둥절해하며 맞은편에 앉은 르미를 쳐다보았다. 르미가 쿡쿡거렸다.

"이마에 도장이 찍혀 있기에 새 도장 자랑하려고 그런 줄 알았어요."

선생님의 말에 르미와 지유가 웃음을 빵 터뜨렸다. 태하는 얼른 핸드폰을 꺼내 이마를 확인했다. 팔에 눌린 자국이 제법 크게 나 있었다.

"농담이에요. 혹시 마음 상한 건 아니죠?"

신비 선생님이 바구니에서 활동지를 꺼내 나누어 주었다. 활동지 위에는 '프렙(PREP) 기법'이라고 크게 적혀 있었고, 아래에는 빈칸으로 된 표가 그려져 있었다.

"프렙 기법은 논리적인 글쓰기에도 도움이 되고, 토론에서 말하기 방식을 익히는 데에도 도움을 줄 거예요. 이건 이따 설명하기로 하고 우선 논제에 대한 얘기를 해 볼까요? 지유는 게임 좋아하나요?"

갑작스러운 호명에 지유가 깜짝 놀라며 대답했다.

"머리 식히려고 가끔씩 핸드폰 게임을 하긴 하는데, 별로 좋아하는 편은 아니에요. 게임을 잘 못해서 재미도 잘 느끼지 못하는 것 같아요."

"르미는요?"

"컴퓨터 게임은 전혀 모르고, 핸드폰 게임은 예전에는 좀 했는데 현질을 유도하는 게 싫어서 그만뒀어요."

"현질이라……. 인앱결제를 말하는 거군요. 느닷없이 게임 이야기를 꺼내서 의아했을 수도 있는데, 그냥 물어본 건 아니고 오늘 논제와 관련이 있기 때문입니다."

선생님이 분필을 손에 쥐자 아이들도 자연스럽게 펜을 들었다.

"게임은 명과 암이 분명합니다. 게임의 여러 가지 이점을 들어 긍정적인 면을 강조하는 측면과 여러 부작용을 우려하는 시선이 동시에 존재하죠. 그래서 우리도 오늘 게임 얘기를 해 볼까 해요."

말을 마친 선생님이 칠판에 오늘의 논제를 썼다.

게임 중독을 질병으로 분류해야 한다.

게임을 좋아하는 재우나 태하에게는 당연히 흥미로운 논제가 아닐 수 없었다. 반면에 르미의 표정은 어두웠다. 게임을 잘 모르는 르미에게는 부담이 되는 논제였던 것이다. 지유는 벌써 논제와 관련된 생각을 정리하고 있는지 표정의 변화가 없었다.

"근데!"

신비 선생님이 갑자기 소리를 높였다. 모두의 시선이 선생님에게 몰렸다.

"오늘 토론하지는 않을 겁니다. 대신 여러분에게 나누어 준 활동지를 토대로 간단한 글을 써 보려고 해요."

태하는 글을 쓴다는 말에 걱정부터 앞섰다.

'으악, 글이라고? 낭패다. 글 쓰는 거 정말 싫은데.'

걱정되고 부담스러운 것은 모두가 마찬가지인 듯했다.

"그런 표정 하지 마세요. 여러분이 글을 잘 쓸 수 있도록 충분히 안내를 할 겁니다. 우리에겐 '프렙'이 있잖아요. 먼저 프렙에 대해 간단히 설명할게요. P는 Point, R은 Reason, E는 Example, P는 처음과 같은 Point의 약자입니다."

P : Point

R : Reason

E : Example

P : Point

판서를 마친 선생님이 구체적인 설명을 덧붙였다.

"P는 주장입니다. 가장 중요한 핵심을 먼저 밝히는 거죠. 다음 R은 이유입니다. 앞에서 나온 주장의 이유나 근거를 제시합니다. 그리고 E는 예시예요. 근거와 관련된 사례를 통해 주장을 뒷받침하고 설득력을 높이는 과정이에요. 그리고 마지막 P는 재주장입니다. 다시 한번 주장의 요점을 밝힘으로써 주장을 강조하는 겁니다."

태하는 안심했다. 영어로 되어 있어서 어려운 개념인 줄 알았는데 용어도 쉽고 간략해서 머리에 잘 들어왔기 때문이다.

"예를 들어 볼까요? 지난번에 다뤘던 '오늘 회식 메뉴는 양념치킨보다는 프라이드치킨이어야 한다'를 생각해 봅시다. 만약 내가 반대 측이라고 가정하면, P는 '저는 오늘 회식 메뉴는 양념치킨이어야 한다고 생각합니다'라고 말할 수 있을 거예요. 다음은 R, 이유를 얘기해야겠죠. 반대 측에서 제시했던 논거로 정리해 본다면

'퍽퍽한 살을 좋아하지 않는 사람이 많기 때문에 닭가슴살 같은 부위를 남기게 되는 프라이드치킨과 달리 양념치킨은 양념이 발라져 있기 때문에 모든 부위를 먹을 수 있습니다' 정도가 되겠네요."

르미는 열심히 필기하면서 선생님의 말에 집중했다.

"다음은 E, 주장이나 이유와 관련된 사례를 들면 됩니다. '집에서 프라이드치킨을 시켜 먹으면 항상 퍽퍽한 살만 남습니다'라고 말하면 되겠죠. 여기서 구체적인 자료를 활용해도 됩니다. '우리 학교 학생 815명을 대상으로 한 설문조사에서 전체의 약 76퍼센트인 620명의 학생이 퍽퍽한 살을 싫어한다는 결과가 나왔습니다'처럼요. 물론 실제로 이런 설문조사를 했다는 가정하에서 말이죠. 사례를 제시했다면 마지막 P에서는 다시 주장을 반복합니다. '그러므로 저는 프라이드치킨보다는 양념치킨이 오늘 회식 메뉴로 적합하다고 생각합니다.'"

확실히 프렙을 활용한다면 토론문 쓰는 게 그리 어렵지 않을 것 같았다. 글쓰기가 부담스러웠던 태하의 표정이 조금씩 밝아졌다.

"우리는 논리적인 말하기에 익숙하지 않죠. '입론' '논거' 같은 용어도 부담스러운데 토론이라고 하니 편하게 말하면 안 될 것 같다는 압박감이 작용하는 거죠. 그럴 때 오늘 소개한 프렙이 도움을 줄 겁니다. 프렙 과정을 토대로 말하면 생각보다 쉽게 말을 꺼낼 수 있을 거예요."

설명을 마친 선생님이 책상 배치를 지시했다. 태하 오른쪽에는 재우, 맞은편에는 지유가 앉았고, 지유의 왼쪽에는 르미가 앉았다.

"자, 그럼 이제 본격적으로 시작해 볼까요? 일단 찬성과 반대로 나눠 볼게요. 미리 말했다시피 오늘은 본격적인 토론을 하지 않을 예정이니까 꼭 찬성과 반대의 구성원이 똑같이 나뉘지 않아도 됩니다. 그 전에 먼저 여러분끼리 논의가 필요할 것 같으니 시간을 좀 줄게요. 10분 동안 생각을 나눠 보세요."

선생님은 검지로 교탁 위에 올려놓은 작은 종을 치고는 책을 읽기 시작했다. 자신을 신경 쓰지 말고 자유롭게 논의하라는 일종의 배려로 보였다. 덕분에 아이들끼리 편하게 이야기를 나눌 수 있는 분위기가 만들어졌다.

게임 중독

"일단 나는 찬성!"

지유가 먼저 말을 꺼냈다.

"왜?"

"게임 중독 심각하잖아. WHO(세계보건기구)에서 질병으로 분류했다는 말을 들은 적이 있어. 아직 구체적으로 생각해 보지는 않았지만, 그래도 게임 중독을 질병으로 분류해야 한다는 건 찬성이야."

"나도 찬성. 게임 중독도 질병이라고 생각한다."

예상과 달리 재우가 찬성 편에 서는 걸 보고 놀란 태하가 물었다.

"네가 찬성이라고?"

"응, 게임은 즐기라고 있는 건데 좀 심한 아이들이 있다 아이가? 그거 보면 뭐랄까, 좀 위험해 보이기도 하거든. 그런 애들 때문에

게임을 안 좋게 생각하는 사람이 더 많아지기도 하고. 그래서 나는 찬성! 태하 니는? 반대?"

"응, 난 반대. 나라도 반대해야 하지 않겠냐? 이유는 차근차근 생각해 보지 뭐. 르미 너는?"

"아직 고민 중."

르미는 머리카락 끝을 손가락으로 돌돌 말고 있었다.

"불쌍한 영혼이여. 이 오빠가 도와줄 테니 반대 쪽으로 와라."

"까불지 마라."

르미가 손을 들어 태하를 위협하자 태하가 얼른 피하는 체했다.

"쟈는 맨날 르미한테 맞고 아파하면서도 왜 계속 놀리는 거고?"

"넌 무섭다고 롤러코스터 안 타?"

"그렇네."

지유와 재우가 서로를 향해 손바닥을 세우고 속닥거리더니 킥킥 웃었다.

"너마저 찬성으로 가면 나 혼자야. 반대로 와. 재우 저 자식이 배신할 줄은 몰랐네."

"어허, 배신이라니. 자기주장이 확고하다고 해 주면 안 되겠나?"

재우가 팔짱을 끼며 너스레를 떨었다.

"오케이. 누나가 한번 가 준다. 앞으로 잘해라, 박태하."

"티격태격하면서도 가만 보면 은근히 서로 참 잘 챙긴데이."

“그치?”

재우와 지유가 다 들릴 만큼 큰 소리로 귓속말을 나눴다. 그러자 르미와 태하가 동시에 발끈했다.

“그런 거 아니거든!”

그때 신비 선생님이 책을 덮고 종을 쳤다. 그리고 찬성과 반대 의견을 확인한 후 앞으로 해야 할 일에 대해 말했다.

“이제 글을 쓰기 위한 글감을 모아야 합니다. 논제와 관련된 얘기를 나눠 볼 거예요.”

“선생님, 찬성과 반대로 나눠서 논의하나요?”

지유가 물었다.

“굳이 찬반을 나누기보다는 다 같이 모여 자유롭게 얘기를 나누는 게 더 다양한 의견이 나올 수 있다는 생각이 드네요. 그러면 더 좋은 결과가 나오겠죠? 이번에는 나도 조금 더 가까이에서 보려고 합니다.”

선생님이 논의에 참여한다는 말에 아이들의 표정이 굳어졌다.

“민망하게 그런 부담스러운 표정 짓지 말아요. 투명 인간처럼 있을 테니까.”

손사래를 치며 아이들을 안심시키려 했지만 그다지 효과는 없는 것 같았다. 대화의 장에 선생님이 들어오면 아이들에게는 아무래도 부담스러운 게 사실이니까. 선생님이 지켜보고 있다는 생각 때문에 누구도 쉽사리 입을 열지 않았다. 한동안 정적이 계속되자 신비 선생님이 말문을 열었다.

"지금처럼 진행이 원활하지 않을 때만 끼어들게요. 아까부터 심각한 표정을 짓고 있는 태하는 왜 게임 중독이 질병이 아니라고 생각하는 거죠?"

"음……."

솔직히 말하면 태하는 '게임 중독'이라는 말 자체가 주는 뉘앙스가 불쾌했다. 흔히 '중독'이라고 하면 술이나 마약, 아니면 도박 같은 것들을 떠올렸다. 때문에 게임 중독이라는 말 속에는 게임이 술이나 마약과 같다는 인식이 잠재되어 있는 것만 같았다. 태하는 예비 프로게이머로서 게임 중독을 질병으로 인정해 버리면 알코올 중독자, 약물 중독자와 같은 취급을 당할 것 같은 불쾌한 감정이 든다고 했다.

"그건 좀 다르지 않나?"

태하의 말에 재우가 대꾸했다.

"어떤 면에서?"

"니는 게임을 직업으로 생각하고 접근하는 사람이니까 좀 다르지. 니 같은 경우는 중독이라고 보기는 좀 그렇지 않나 싶은데."

"이쯤에서 용어를 정리할 필요가 있겠네요. 혹시 '중독'이라는 말을 찾아본 사람 있나요?"

고개를 끄덕이며 둘의 이야기를 듣고 있던 선생님이 물었다. 지유가 손을 들었다.

"제가 찾아봤어요. 중독의 사전적 의미는 '술이나 마약 따위를 지나치게 복용한 결과, 그것 없이는 견디지 못하는 병적 상태', 아니면 '어떤 사상이나 사물에 젖어 버려 정상적으로 사물을 판단할 수 없는 상태'라고 되어 있습니다."

지유가 핸드폰 화면에 검색된 내용을 읽었다. 그리고 태하에게 핸드폰을 건넸다.

"근데 태하 넌 이 정도는 아니지 않아?"

"당연히 이 정도는 아니지. 난 그저 내가 잘하는 걸 더 잘하려고 하는 것뿐이야. '병적 상태'라니…… 좀 심하잖아."

재우가 손가락을 탁 튕기며 말했다.

"그래서 용어가 중요한 거다. 중독이라고 하면 왠지 병인 것 같잖아. 그러면 '나는 그 정도는 아니야'라고 생각해 버린다고. 아, 태하 니한테 해당되는 얘기는 아이데이."

"오해 안 할 테니까 자꾸 내 얘기 아니라고 덧붙이지 마라. 근데 넌 찬성이야, 반대야? 정체성에 혼란을 느끼는 것 같은데?"

재우는 게임을 질병으로 분류하는 것 자체는 찬성이지만 '중독'이라는 용어에는 반대한다고 딱 잘라 말했다.

"그럼 중독이 아니면 뭐라고 해야 하나? 적당한 용어가 있어?"

르미가 물었다.

"과몰입. 찾아보니까 이미 게임 중독이 아닌 '게임 과몰입'이라
고 용어를 바꿔야 한다는 주장도 있네. 대부분 반대 측에서 나오는
얘기이긴 하지만. 찬성 측에서는 '게임 이용 장애'라는 말을 쓰기
도 하는 것 같아. 본래 WHO에서는 '게임 디소더(Game Disorder)'
라고 했대. 'Disorder'는 장애라는 뜻이거든. 그걸 어떻게 해석하느
냐의 문제인 거지."

"장애나 중독이나 용어에서 주는 부정적인 느낌은 비슷하지 않
냐? 아마 찬성 측이라고 볼 수 있는 WHO가 의도한 거겠지만."

'과몰입'이라는 용어 역시 태하 입장에서는 받아들이기 힘들었
다. 용어에 대한 논의가 치열해지자 선생님이 중재에 나섰다.

"일단 중독이라는 용어는 애초에 제시된 논제에서 수정하지 않
고 갈게요. 태하가 말한 것처럼 대체할 만한 용어에서도 찬반 양쪽
의 의도가 내재된 건 마찬가지니까요. 부정적인 뉘앙스를 풍기는
용어를 사용한 것 자체도 논제를 반대하는 근거 중 하나로 활용할
수도 있고요."

선생님의 말이 일리가 있다고 생각하며 태하가 고개를 끄덕였다.

"나도 좀 찾아봤는데, 게임이 좋다 나쁘다, 뭐 이런 얘기들이 많
네. 너희는 어떻게 생각해?"

지유와 같이 자료를 검색하고 있던 르미가 이야기를 꺼내자 재

우가 말을 이었다.

"내가 게임을 잘하지는 못해도 좋아하긴 하거든. 그래서 게임 자체는 긍정적인 기능이 분명히 있다고 생각한다. 스트레스도 해소되고 여가를 즐기는 데 도움이 되기도 한다 아이가."

태하도 게임 자체는 크게 문제가 없다고 생각했다. 재우의 말처럼 개인적인 효용도 있지만, 게임 산업의 발전으로 우리나라의 게임 개발사들이 외국에서 엄청난 수익을 거둬들이고 있기 때문이다. 무턱대고 게임 중독을 질병으로 지정해 버리면 지금까지 키워 놓은 게임 산업이 위축될 위험이 있다는 사실을 태하가 지적했다.

"태하 니 말이 맞다. 게임은 문제가 아니지. 나는 게임이 질병을 유발한다고는 생각 안 하거든. 근데 논제는 '게임이 질병을 유발한다'가 아니라 '게임 중독은 질병이다'잖아. 문제는 중독이다. 게임을 너무 심하게 하는 거. 그래서 내가 찬성하는 거라."

재우의 말을 지유가 거들었다.

"핸드폰으로 지금까지의 논의를 쭉 살펴봤는데, 르미 말대로 게임 자체의 긍정적인 면이랑 부정적인 면을 나눠서 접근하는 게 많네. 우린 이렇게 접근하면 안 될 것 같아. 재우가 지적했듯이 게임 자체에 문제가 있느냐 없느냐가 아니라 게임 중독을 질병이라고 지정해야 하는지 아닌지에 초점을 맞춰야지."

"둘이 비슷한 거 같은데? 게임이 중독이라는 질병을 유발한다면 어쨌든 게임 자체에 문제가 있다는 말로도 해석되는 거 아냐? WHO에서는 뭐라면서 게임 중독을 질병이라고 규정한 거야?"

재우와 지유 의견도 일리가 있었지만 태하 생각에는 게임 중독을 질병으로 여긴다는 자체가 게임이 중독성이 있다는 걸 인정하는 것이었다. 그러면 WHO의 결정은 그 의도와 상관없이 게임에 대한 부정적인 인식을 확산시키게 될 것이다.

"첫째, 게임을 하고 싶은 욕구를 조절할 수 없는가. 둘째, 일상생활보다 게임을 우선시하는가. 셋째, 게임 때문에 삶에 문제가 생겨도 게임을 중단하지 못하는가. 이게 WHO가 정한 기준이야."

르미가 태하에게 핸드폰 화면을 보여 주었다.

"정리하면 게임 때문에 삶이 망가졌는지를 기준으로 삼은 거네?"

"그런 거 같지? 그게 12개월 이상 지속되면 게임 중독으로 진단한대."

"그 정도로 심각하면 질병이라고 해도 되겠네. 그 정도면 나름대로 구체적인 기준을 잘 세워 놓은 거 아이가?"

"근데 내가 생각할 때 문제는 이거야."

르미는 검색을 하다가 본 '셧다운제'에 대한 기사를 모두에게 보여 주었다. 셧다운제가 뭐냐고 묻는 지유에게 태하가 설명을 했다. 태하는 게임계에서 오래 활동하다 보니 자연스럽게 셧다운제에 대해 이러쿵저러쿵하는 얘기를 많이 접했기 때문에 관련 지식이 좀 있는 편이었다.

셧다운제는 밤 12시부터 아침 6시까지 온라인 게임을 못 하도록 접속을 막는 법이다. 셧다운제에 적용되는 나이는 만 16세 미만이지만, 셧다운제에 적용되지 않는 다른 아이디를 써서 피할 수 있기 때문에 원천적으로 게임하는 행위 자체를 막을 수는 없었다. 태하 역시 중학교 때 이 법 때문에 성인인 형의 아이디를 빌려서 게임 대회에 나간 적이 있었다. 몇 년 전에는 미성년자 프로게이머가 셧다운제 때문에 해외에서 개최된 게임 대회에서 패배한 일도 있었는데, 그때 게이머와 팬들 사이에는 이 법률에 대한 비판으로 떠들썩했다. 이처럼 셧다운제는 오히려 꼭 필요한 사람에게 피해를 주는 부작용이 더 크다고 할 수도 있었다.

"태하 말에 하나 더 보태면, 셧다운제가 적용된 이후로 국내 게임 산업이 크게 위축됐다는 보도도 있더라고. 서버가 해외에 있는 게임은 셧다운제 적용이 안 되니까 사람들이 외국 게임으로 몰려버린 거지. 부작용이 큰 모양이야. 근데 문제는 게임 중독을 질병으로 규정하게 되면 중독을 막는다는 미명하에 이런 법률이 많이 나오게 될 거라는 거야. 효과는 적고 부작용은 큰 법률 말이야."

르미의 말을 듣고 무언가 골똘히 생각하던 재우가 입을 열었다.

"마음대로 게임을 할 수 없도록 국가가 막는 것도 문제다. 아무리 청소년이라도 자유라는 게 있잖아. 국가가 개인의 자유를 침해하는 건 문제가 있지, 안 그렇나?"

"그렇지!"

태하가 책상을 탁 치며 공감을 표하자 재우가 웃었다.

"야, 이제 너 우리 편으로 넘어오는 거냐?"

"그건 아니고."

단호한 대답에 태하는 "냉정한 녀석" 하고 중얼거렸다. 재우가
말을 이었다.

"중독을 질병으로 인정한다고 하더라도 예방한답시고 섣불리 셧
다운제 같은 허술한 법을 만들면 안 된다는 거지. 청소년한테 놀거
리를 만들어 준다든지, 우리가 스트레스를 좀 덜 받도록 입시 제
도를 바꾼다든지 이런 것들이 먼저 개선되어야지. 솔직히 청소년
들이 스트레스는 많이 받는데 풀 데가 없으니까 게임에 빠지는 거
아니냐고."

"오호, 좋은 분석. 글 쓸 때 써먹어야겠다."

"난 어차피 찬성이라서 못 쓴다 아이가. 맘껏 써라."

"고맙다, 남재우. 네가 찬성으로 간 게 오히려 잘된 거 같기도 해."

태하가 웃으며 말하자 재우가 따라 웃었다.

"분위기를 깨서 미안한데, 셧다운제가 부정적인 면만 있는 건 아
니라고 봐. 청소년이 다른 사람 아이디를 사용하든 어쨌든 셧다운
제가 늦은 시간까지 게임하는 걸 막는 일차적인 걸림돌 역할을 하

고 있는 건 분명한 사실이잖아. 태하가 말한 프로게이머 사건은 좀 문제가 있어 보이긴 하지만 그것도 약간 수정하면 되는 일이고. 여기 기사 보니까 실제 셧다운제 개정에 대해서 국회에서 논의 중이래. 이거 한번 봐 봐."

태하는 지유가 건넨 핸드폰을 받아 기사를 읽었다.

"그렇긴 하네. 근데 이게 해결된다고 하더라도 국가가 개인의 자유를 침해한다는 문제가 남지 않냐?"

"국가는 국민의 건강을 책임져야 하는 의무도 있잖아. 이건 선택의 문제야. 지금도 생각해 봐. 코로나19로 전 세계가 혼란스러운 와중에 자유를 희생하는 걸 감수하고 강력한 조치를 취했던 우리나라가 개인의 자유를 강조하는 미국이나 유럽에 비해 대처를 잘했다는 평가를 받기도 하잖아."

하지만 태하가 문제 삼는 것은 우리나라가 다른 분야에 비해 게임에만 유독 강한 규제를 하고 있다는 사실이었다.

"게임 중독이 문제가 된다면 국가가 나서는 것까지는 인정. 근데 유독 게임만 심하게 규제하는 것 같지 않냐? 중독이 진짜 문제라면 술이나 도박도 마찬가진데 이용 자체를 규제하지는 않잖아. 우리나라는 게임을 무슨 마약 다루듯이 한다고. 게임 이용 자체를 규제하는 건 우리나라밖에 없어. 아까 내가 말한 게임 대회 있지? 셧다운제로 패배한 거. 그 경기를 지켜보던 해외 팬들 반응을 너희도 봤어야 해. 게임 이용도 국가가 통제하는 한국은 정말 대단한 나라 라면서 조롱하기도 했다고."

"워워, 진정해라."

재우가 흥분한 태하의 어깨를 토닥거렸다. 강한 의견 갈등 이후 잠시 소강상태가 되었다. 교실에 다시 정적이 흐르자 어김없이 신비 선생님이 나섰다.

"짧은 논의 중에 수많은 쟁점이 오갔네요."

르미가 손을 들었다.

"선생님, 저는 쟁점이라는 말을 처음 들어 봤어요."

"아, 내가 '쟁점'에 대해 말한 적이 없군요. 좋은 지적 고마워요."

재우가 자기도 몰랐다며 르미를 향해 엄지를 치켜세웠다.

"쟁점이라는 건 토론에서 찬성과 반대의 주장이 갈리는 지점을 말합니다. 여러분의 논의에서 'Disorder를 어떻게 해석할 것인가' 그리고 '셧다운제는 효과적인 정책인가'에서 의견이 갈렸죠? 이런 게 모두 쟁점이라고 할 수 있어요."

모두 고개를 끄덕이며 선생님의 설명에 집중했다.

"분위기 반전을 위해 새로운 쟁점을 하나 꺼내 볼까 해요. 게임이 건강에 미치는 영향도 입장마다 차이가 있답니다. 여기에 대해서 조금 얘기를 나눠 봅시다."

새로운 쟁점이 주어지자 아이들은 분주하게 핸드폰을 꺼내 검색하기 시작했다. 게임 중독이라는 키워드만 쳐도 엄청난 정보가 쏟아져 나왔다. 이 많은 정보 중에서 쓸 만한 정보를 골라내기 위해서는 적합한 키워드를 선정해야 했다. 태하는 '게임과 건강'이라는 키워드로 검색했다. 게임할 때의 자세나 게임으로 인한 수면 부족과 관련된 정보가 떴지만 너무 상식적인 내용이라 딱히 와닿는 게 없었다.

무언가를 찾은 지유가 입을 열었다.

"여기 보니까 이런 내용이 있네. 게임을 많이 하면 뇌에서 도파민이라는 물질이 분비되는데, 이게 과하면 ADHD나 정신분열증에 걸릴 수 있대."

"그런 자료는 어떻게 찾은 거야? 난 잘 안 나오던데?"

르미가 물었다. 지유는 처음에는 '건강'을 키워드로 검색하다가 문득 게임이 뇌에 주는 영향이 있을 거라는 생각이 들어서 '뇌 건강'으로 범위를 줄여 검색했다고 했다. 태하는 곧바로 지유가 가르쳐 준 방법을 활용하여 검색어를 입력했다.

"어, 찾았다."

"뭔데?"

르미가 몸을 기울이며 고개를 내밀자 태하는 얼른 핸드폰을 몸쪽으로 당겨 화면을 가렸다.

"공짜로 가르쳐 달라고?"

"야, 같은 편끼리 왜 이래?"

태하가 "아, 맞다. 같은 편이였지" 하며 순순히 핸드폰을 내놓았다. 르미가 소리 내어 기사를 읽었다.

"2015년 강동화 서울아산병원 신경과 교수 논문이 화제가 됐다. 강 교수는 20·30대 일반 남성 가운데 스타크래프트, 워크래프트 등 실시간 전략게임을 1000회 이상 해 본 사람들을 모아 3개월 동안 주 4시간 이상 게임을 하도록 했다. 이후 이 그룹과 1년간 어떤 종류의 게임도 10시간 이상 한 적이 없는 그룹의 뇌를 비교했다. 그 결과 게임을 한 실험자에게서 오류 감지나 의사 결정을 담당하는 전두엽과 시각을 관장하는 후두엽을 연결하는 신경 구조가 더 발달한 것을 발견했다.' 이거 게임이 뇌 발달에 도움이 된다는 말 아니야?"

"그렇지. 괜찮은 논거 아니냐? 게임이 이렇게 긍정적인 효과가 있다는 건 진짜로 게임이 뇌에 부정적인 영향을 주는지가 객관적으로 입증됐다고 보기 어렵다는 거지. 이런 상황에서 게임 중독을 질병으로 분류해 봐야 정확한 진단이나 치료가 가능하겠냐 이 말이야."

그러자 지유가 반론을 재기했다.

"다른 방향으로 생각해 볼 수도 있어. 만약에 게임 중독을 질병으로 분류한다면 국가가 체계적으로 관리를 시작할 수 있거든. 그러면 게임이 사람에게 미치는 영향에 대한 연구가 지금보다 더 활발하게 일어날 수 있지 않겠냐는 거지. 게다가 그렇게만 된다면 치료나 진단에 전문성도 확보될 테고 말이야."

곧바로 르미의 반박이 이어졌다.

"그건 거꾸로 말하면 지금은 치료나 진단에 대한 전문성이 떨어진다는 거잖아. 섣불리 질병으로 분류하다가는 오진이 나올 수도 있고, 설사 진단을 받았다고 하더라도 제대로 된 치료를 못 받을 수도 있다는 문제가 있어. 그러니까 게임 중독을 질병으로 분류하는 건 좀 이르지 않을까?"

"현재 중독에 대한 연구는 활발하게 진행되고 있고, 실제 치료도 진행되고 있잖아. 그러니까 제대로 된 치료를 받지 못할 수 있다는 건 지나친 걱정이야. 그리고 WHO의 기준은 게임 중독에 대해 꽤나 보수적으로 접근하고 있어. 그러니까 오진의 확률도 생각보다는 높지 않을 거야."

르미와 지유의 날카로운 공방이 이어졌다. 지유의 말을 들으면 그런 것 같다가 또 르미의 말을 들으면 그 말도 맞는 것 같았다. 태하가 고개를 갸우뚱거리며 물었다.

"저기, 미안한데 보수적으로 접근하고 있다는 게 무슨 말이야?"

"음…… 뭐랄까. 보수는 변화를 반대한다는 뜻인데, 여기에서는 '신중하다' 아니면 '깐깐하다' 정도의 의미라고 볼 수 있겠네."

지유는 또래에 비해 상식이 풍부했다. 어렸을 때부터 몸에 밴 책

읽는 습관 덕분인지 어른들이 자주 쓰는 용어나 단어를 자연스럽게 사용했다.

"오케이. 보수적 접근은 이해했어. 아무튼 난 게임 중독을 질병으로 규정하는 건 아니라고 봐. 아까 '과몰입'이라는 용어 있었지? 생각해 봐. 공부에 과몰입하면 누가 중독이라고, 질병이라고 하냐? 다들 칭찬하지. 근데 게임에 과몰입하면 중독이라고 부르고 질병으로 취급한대. 뭔가 공평하지 않잖아."

태하의 말이 끝나자마자 선생님의 종이 울렸다.

"자, 이 정도면 충분히 근거가 모였겠네요. 다들 열심히 논의에 참여해 줘서 고마워요. 논의라고 얘기했지만 이 정도면 토론이라는 이름을 붙여도 되겠어요. 논의 과정에서 여러 정보와 의견이 잘 드러났어요. 아마 게임이라는 게 여러분의 흥미를 이끌 수 있는 소재인 데다가 예비 프로게이머와 게임 마니아가 있어서 논의가 더 잘 풀린 것 같기도 해요."

"아, 선생님. 마니아 정도는 아닙니다."

재우가 쑥스러운 듯 뒤통수를 긁적거렸다. 선생님이 싱긋 웃고는 말을 이었다.

"자, 그럼 오늘 나온 논거들을 조합해서 글을 한 편 써서 메일로 보내 주세요. 양은 제한이 없고요. 아까 알려 준 프렙 기법을 잘 활용해 보세요. 좋은 논거가 많이 나왔으니 글을 쓰는 데 어려움은 없을 겁니다."

선생님이 칠판에 이메일 주소를 썼다. 'Sinbi0629@hari.go.kr.' 선생님의 메일 주소에도 '신비'가 포함되어 있었다. 르미의 예상처럼 선생님은 자신의 별명을 마음에 들어 하는 것 같았다. 르미는 저것 보라는 듯 칠판을 손가락으로 가리키며 태하를 향해 웃었다.

"그럼 오늘도 수고했습니다. 다음에 봅시다, 토론하리 여러분."

"네, 고맙습니다."

인사를 마치자마자 선생님이 황급히 교실을 빠져나갔다.

"항상 뭐가 저래 급하시노?"

"그러게. 아, 선생님한테 신비 아시냐고 물어보려고 했는데."

르미가 책상 위를 주먹으로 살짝 치며 아쉬워했다.

"아시겠지. 메일에 별명이 딱 들어 있잖아."

"아니, 신비아파트에 나오는 도깨비 신비 말이야. 이름도 이름이지만 하도 도깨비 같아서 그런 별명이 생긴 게 아닐까 했거든."

"흐흐흐, 인정. 진짜 도깨비 같으시다니까. 지금도 팍 하고 사라진 거 같지 않냐?"

활동은 마쳤지만 아이들은 한참 동안 어릴 때 보았던 애니메이션 이야기를 했다. 그러다 문득 다음 주에 개최되는 게임대회에 초청받은 게 생각난 태하는 집에 가서 과제부터 후딱 해치워야겠다고 생각했다.

주제	게임 중독을 질병으로 분류해야 하는가?			
입장	찬성 ( ) 반대 (√)		작성자	박태하

나는 게임 중독을 질병으로 분류하는 것에 반대한다.

그 이유는 첫째, 게임 중독을 질병으로 분류하게 되면 게임에 대한 부정적인 인식이 생겨 막대한 경제적 수익을 얻을 수 있는 게임 산업에 타격을 줄 수 있기 때문이다. 2018년 한국콘텐츠진흥원의 보고서에 따르면, 셧다운제 도입 이후 2012년부터 2015년까지 4년간 경기 위축 규모는 2조 7932억 원에 이른다. 셧다운제는 청소년의 게임 중독을 예방하겠다는 본래의 취지와 달리 게임 산업만 위축시킨 것이다.

둘째, 게임이 건강에 미치는 영향은 과학적으로 증명되지 않았다. 게임 때문에 각종 정신적 질환이 나타날 수 있다는 연구 결과도 있지만 그 반대의 경우도 있다. 서울아산병원 신경과 강동화 교수가 2015년에 발표한 논문에 따르면, 실시간 전략 게임을 1000회 이상 해 본 사람이 3개월 동안 4시간 이상 게임을 했을 때, 1년간 게임을 10시간 이상 한 적 없는 사람보다 뇌 기능이 좋아졌다. 전문가들의 연구에서도 정반대의 연구 결과가 나올 만큼 게임과 뇌 건강의 관계는 과학적 입증이 미흡한 상태이다. 이런 상황에서 섣불리 게임을 질병으로 분류하면 각종 오진으로 인한 부작용이 일어날 수 있다.

게임 중독을 질병으로 인정하게 되면 결국 지금까지 해 왔던 대로 게임을 규제하는 방향으로 나아갈 것이 뻔하다. 물론 게임 중독은 문제가 있다. 하지만 규제만으로 그 문제를 해결할 수는 없다. 우리나라 청소년들은 입시로 인해 엄청난 스트레스를 받는다. 그런데 그 스트레스를 풀 만한 장소나 방법이 없으니 대부분 게임에 의존하게 되고, 그중 몇몇은 중독에 빠지게 되는 것이다. 게임 중독을 질병으로 분류하여 각종 규제를 하기보다 청소년이 건전한 놀이 문화를 형성할 수 있도록 하는 것이 게임 중독을 줄이는 데 도움이 될 것이다.

인터넷을 활용한 자료 검색 방법

1. 구글(Google) 활용하기

① 반드시 포함할 단어나 문장이 있을 때 : 큰 따옴표 ⑩ "게임 중독" 원인

② 특정 사이트에서만 찾을 때 : site ⑩ 게임 중독 site : www.kdi.re.kr

③ 특정 문구나 사이트를 빼고 싶을 때 : ─ ⑩ 게임 중독 ─ 위키피디아

④ 파일 형식으로 찾고 싶을 때 : filetype ⑩ filetype:pdf 게임 중독

⑤ 정확한 검색어가 생각나지 않을 때 : * ⑩ 게임 *독

2. 논문 자료 검색 사이트

① 구글 학술검색(https://scholar.google.co.kr)

② 국립중앙도서관(https://www.nl.go.kr)

③ KISS 한국학술정보(http://kiss.kstudy.com)

④ RISS 학술정보연구서비스(http://www.riss.kr)

⑤ DBpia 학술정보포털(http://www.dbpia.co.kr)

3. 통계 자료 사이트

① KOSIS 국가통계포털(https://kosis.kr)

② BIG Kinds(https://www.bigkinds.or.kr)

신비 선생님의 보충수업

이번에는 글쓰기를 위한 토론을 진행했습니다. '프렙'이라는 방식을 소개하기도 했죠. 글쓰기를 힘들어하는 태하도 글을 쓰게 할 만큼 이해도 쉽고 적용하기도 수월한 기법이에요. 그럼 선생님과 함께 토론 보충수업을 해 볼까요?

○ 묻고 답하고

[질문 하나]

태하와 재우는 모두 게임을 좋아합니다. 그런데 논제에 대한 입장은 달랐죠. 태하는 게임 중독을 질병으로 분류해서는 안 된다고 주장한 반면에 재우는 질병으로 분류하는 것에 찬성했어요. 재우와 태하가 왜 각각 찬성과 반대의 입장을 취했는지 생각해 봅시다. 내용을 살펴보고 한 문장 정도로 정리해 주면 좋겠어요.

• 재우가 찬성한 이유 :
• 태하가 반대한 이유 :

[질문 둘]

태하는 프렙 기법을 활용해서 토론문을 작성했습니다. 태하의 토론문을 프렙 기법에 따라 분석해 봅시다.

P	Point(주장)	

⬇

R	Reason (이유)		R	Reason (이유)	
E	Example (사례)		E	Example (사례)	

⬇

P	Point(재주장)	게임 중독을 질병으로 분류하기보다는 청소년이 건전한 놀이 문화를 형성할 수 있도록 돕는 것이 청소년의 게임 중독을 해결할 수 있는 방법이다.

〔과제〕

여러분은 이제 프렙 기법을 이해했을 겁니다. 다음 세 가지 논제 중 하나를 골라 프렙 기법을 활용하여 토론문을 작성해 봅시다. 우리의 목표는 글을 잘 쓰는 게 아니에요. 논리적으로 사고하고, 말하고, 쓰는 연습을 하는 거지요. 길게 쓰지 않아도 되니까 부담 갖지 말고 차근차근 써 보세요.

▶ 셧다운제를 폐지해야 한다.
▶ 화장품 동물 실험을 금지해야 한다.
▶ 우리나라의 사형 제도는 폐지해야 한다.

○ **읽어 보세요**

책 두 권을 소개할게요. 첫 번째는 게임 중독에 대한 책이고, 두 번째는 프렙 기법을 다룬 책입니다.

『게임중독 처방전』 (장범식 지음, 이담북스, 2018)

게임에 중독될 수밖에 없는 이유를 설명해 주는 책은 많습니다. 그런데 애초에 되도록 많은 사람을 게임 세계로 빠져들게 하는 것이 목적인 게임회사의 입장에서 쓴 책은 드물죠. 이 책은 게임 제작자의 입장에서 게임 중독에 빠지는 이유를 말하고 있습니다. 저자의 경험을 바탕으로 하고 있어서 생생하죠. 게임 중독에 대한 정보를 쉽게 설명해 주는 책입니다.

『쓰기의 공식, 프렙!』 (임재춘 지음, 반니, 2019)

앞서 소개한 프렙을 좀 더 자세하게 설명한 책입니다. 실용적인 글쓰기를 강의하는 저자가 보다 쉽게, 보다 논리적으로 글을 쓰는 방법을 가르쳐 주지요. 전문가의 글을 첨삭하기도 합니다. 바로 프렙 기법을 활용해서요. 자기소개서나 보고서 등 실용문을 잘 쓰고 싶다면 분명 도움이 될 겁니다.

그럼 멋진 글 기대하겠습니다. 오늘 수업은 여기서 끝!

3장

기본소득제를 시행하자
vs
일자리 개선이 먼저다

#고전식 토론 #메이크업 아티스트를 꿈꾸는 남재우
#정부는 기본소득제를 시행해야 한다

토론 내용을 압축할 수 있는 비유나 일화를 이용하면
청중을 사로잡는 데 효과적입니다.
인용을 잘 활용하는 것도
강렬한 인상을 줄 수 있는 방법이랍니다.

꿈

"이 시간에 네가 웬 일이야?"

"담임선생님께서 제게 상담을 하자고 하시더군요. 근데 구르미 학생, 오늘도 여전히 못 생겼는데 그건 고칠 수 없는 건가요?"

꼬박꼬박 붙이는 존댓말에 무심한 말투까지. 신비 선생님 흉내를 내며 르미를 놀리는 태하를 보며 모두들 배꼽을 잡고 웃었다.

"좀 맞을래?"

하지만 애써 웃음을 참느라 르미의 입술도 실룩거리고 있었다.

"니 요즘 게임 안 하고 성대모사 연습하나?"

"새로운 재능을 깨달았다고나 할까요. 게임 그만두고 이쪽으로 가야 하지 않을까 합니다."

태하가 검지와 엄지로 안경테를 고쳐 쓰는 신비 선생님의 버릇을 따라 했다. 이번엔 르미도 참지 못하고 박장대소했다.

"그런데 무슨 상담이야?"

이제 막 급식소에 앉은 태하에게 르미가 물었다.

"아, 중간고사 끝나고 하는 거. 진로 묻고, 성적 묻고, 그런 거 있잖아. 원래 일과 시간에 하려고 했는데 담임 쌤이 바쁘신지 시간이 안 된다네. 하루만 남아 달래서 오늘 남았지."

태하는 게임 연습 때문에 야간자율학습에 참여하지 않기 때문에 급식소에서 넷이 함께 저녁을 먹는 것은 처음이었다.

"너거 담임 쌤이 니 게임하는 거 인정해 줘서 다행이다. 우리 담임 쌤 같으면 국물도 없었을 낀데."

"야자 안 빼 줬으면 지원 사격하려고 아버지랑 형한테 출격 대기까지 부탁해 놨는데 생각보다 대화가 통하는 분이더라고. 그래서 내가 우리 쌤 좋아하잖아."

태하네 반 담임인 장병선 선생님은 우락부락한 외모와 달리 섬세한 편이라 아이들을 잘 챙겼다. 처음 이곳에 와 낯설어하는 재우에게 어디서 왔는지, 학교생활은 어떤지 물어봐 준 것도 장병선 선생님이었다.

"너희는 나중에 뭐 해서 먹고살 거야?"

르미가 밥을 오물오물 씹으며 화두를 던졌다.

"나야 뭐 프로게이머 할 거고, 지유 넌 경찰 되겠다는 꿈은 여전하지?"

"응."

지유의 대답에 재우가 깜짝 놀랐다.

"지유 니 경찰 될라고? 그러면 태권도 같은 거 해야 되지 않나?"

"아, 재우 너 몰랐구나? 지유, 초등학교 때까지 태권도 선수였어. 3단인가…… 맞지?"

연약해 보이는 지유가 태권도 선수였다니, 재우가 '와' 하며 감탄하자 태하가 말을 보탰다.

"겉으로는 르미가 더 와일드해 보이지만 사실은 지유가 더 강자라고. 초등학교 때 지유한테 까불다가 발차기에 맞아 넘어간 남자애가 얼마나 많았는데."

그저 공부 잘하고 똑 부러지는 학생이라고만 생각했던 지유에게 그런 꿈이 있다는 게 놀랍고 신기했다. 허술해 보이지만 게임에 관해서는 엄청난 자부심과 실력을 갖춘 태하도 그렇고, 털털하지만 꼼꼼하고 리더십 있는 르미도 그렇고 대단한 아이들과 친구가 된 것 같아 재우는 우쭐한 기분이 들었다.

"르미 니는? 니는 뭐 할 건데?"

르미가 갑자기 숟가락을 놓더니 한숨을 쉬었다.

"사실 말이야. 나…… 유튜버가 되고 싶어."

"뭐? 유튜버?"

유독 태하가 눈을 동그랗게 뜨며 놀라워했다.

"야, 너 애들이 유튜브 보는 거 되게 한심하게 생각하는 쪽 아니었냐? 그 흔한 최애 연예인도 없는 미디어 먹통 구르미가 유튜버라니!"

아이돌이나 배우 같은 연예인 이야기는 또래 친구들 사이에서 가장 흔한 화젯거리였다. 그런데 생각해 보면 르미와는 단 한 번도 연예인 이야기를 나눈 적이 없었다. 그게 딱히 이상하다고 생각한 적도 없었다. 굳이 연예인 이야기가 아니더라도 충분한 이야깃거리가 있었고, 늘 즐거웠으니까.

"유튜브 많이들 보잖아. 그래서 인기 많은 채널 몇 개 찾아봤는데, 나도 할 수 있겠다 싶더라고. 콘텐츠만 좋으면 구독자도 많이 생길 거고, 그러면 우리 엄마도 이제 치킨 장사 그만둘 수도 있겠지. 우리 엄마 일 마치고 들어오면 맨날 죽는소리야. 여기저기 아프다고."

어머니 이야기가 나오자 방금까지 놀라서 방방 뜨던 태하도 조용해졌다.

"알다시피 내가 공부를 지유만큼 특출하게 잘하는 것도 아니고, 그렇다고 특별한 재주가 있는 것도 아니야. 지금부터 열심히 공부해서 대학에 가면 좋겠지만 뭐, 대학은 돈 안 드나? 그리고 대학 졸업한다고 해서 취직이 덜컥 되는 것도 아니잖아. 난 빨리 엄마

일 그만두게 하고 싶단 말이야. 지금 상황에서는 유튜브 콘텐츠 크리에이터가 그 꿈을 이룰 유일한 방법이야."

"유튜브도 쉬운 게 아니야. 우리 형도 유튜버잖아. 우리 형이야 예전에 프로게이머로 활동했으니 이름값도 있고 동료도 여럿 있으니까 그나마 괜찮지, 인지도 없이 맨땅에 헤딩해서 성공하는 건 정말 어렵대."

"세상에 쉬운 게 어디 있어? 어쨌든 나름 계획도 세웠다고. 문제는 엄마야. 태하 너처럼 부모님한테 인정받으면서 내가 하고 싶은 일 하면 얼마나 좋아? 근데 유튜브의 '유' 자만 나와도 난리를 치시니, 깝깝~하다아~."

르미가 토론 동아리를 만들겠다고 생각한 것도, 지금 누구보다 열정적으로 참여하고 있는 것도 모두 엄마를 설득하는 방법을 배우기 위해서라고 지유가 설명했다.

"아, 그래서 구르미가 이렇게 열심이었던 거구나. 이제 퍼즐이 좀 맞춰지네."

태하가 속이 후련하다는 듯 만족스러운 표정을 지었다.

"내 얘기는 여기까지. 재우 넌? 넌 뭐 하고 싶어?"

"나? 나는 메이크업 아티스트."

순간 재우에게 모두의 시선이 쏠렸다. 재우는 오래전부터 메이크업 아티스트를 꿈꿨다. 자신의 손으로 사람들을 더 멋지고 아름

답게 만들 수 있는 일 그리고 메이크업을 통해 사람들에게 만족감을 주는 일이 멋지다고 생각했다.

그렇지만 메이크업 아티스트라는 꿈을 이야기할 때면 주변 사람들은 대부분 남자가 무슨 그런 꿈을 꾸냐며 빈정거렸다. 그런 놀림에 익숙한 재우는 이 친구들도 으레 그럴 것이라고 생각하며 숟가락으로 크게 밥을 떴다.

"멋지다!"

그러나 예상과는 전혀 다른 말이 지유의 입에서 터져 나왔다. 르미는 한술 더 떠 박수까지 치며 좋아했다.

"재우 넌 뭔가 특별한 꿈을 꾸고 있을 줄 알았지. 역시 내 예상이 맞았어."

"남재우 이 자식! 레알 레어한 레어템 같은 녀석이네, 안 그러냐?"

태하가 재우 목에 팔을 걸자 모두 고개를 끄덕였다. 그 뒤로 '언제부터 그런 꿈을 꾼 거냐' '나도 화장하는 법 좀 알려 달라' '내 피부 톤에는 어떤 색이 어울리냐' 같은 질문이 쏟아지기 시작했다. 몇 번 답을 해 주던 재우는 이러다 밥도 못 먹고 쫓겨나겠다며 아이들을 말렸다. 아이들은 그제야 급식소에 남아 있는 사람이 자신들뿐이라는 걸 알아챘다.

TIP 개인 미디어 콘텐츠 제작자

개인 미디어 콘텐츠 제작자는 미디어 플랫폼 서비스(유튜브, 팟캐스트, 페이스북 등)에 영상 및 오디오로 된 미디어 콘텐츠를 만들어 올리는 사람을 일컫는 말이다. 제작하고자 하는 콘텐츠를 주제에 맞게 구성하고, 하나의 콘텐츠를 만들기 위해 자료 조사부터 기획, 연출, 영상 촬영과 편집, 제작에 이르는 일을 총괄한다. 특정 플랫폼에 만든 채널을 통해 플랫폼에서 제공하는 광고를 시청자에게 보여 줌으로써 플랫폼 회사에서 광고 수익의 일부를 받아 수익을 창출한다. 주로 개인이 제작하지만 공개 모집이나 특별 모집을 통해 다중 채널 네트워크(Multi Channel Network) 회사와 계약을 맺고 활동하기도 한다.

기본소득

"여러분, 만약 여러분에게 국가가 월 30만 원씩 준다고 하면 어떨 것 같아요?"

여느 때처럼 소리 없이 교실로 들어온 신비 선생님이 생뚱맞은 질문을 꺼냈다.

"아무런 조건도 없나요? 일하지 않는 사람에게도 주나요?"

"조건은 없습니다!"

태하의 질문에 신비 선생님은 단호한 어조로 답했다.

"그럼 아무한테나 주는 건가요? 우리 같은 학생이나 어린이는요?"

선생님은 르미의 질문에 아까보다 더 단호하게 말했다.

"다시 한번 말하지만, 모든 국민에게 아무런 조건 없이 남녀노소를 가리지 않고 월 30만 원씩 줍니다. 그럼 재우는 어떨 것 같나요?"

재우는 잠시 생각하다가 입을 열었다.

"좋죠. 저희 같은 학생들에게 30만 원은 엄청 큰 돈 아닙니까? 용돈 벌라고 아르바이트하는 애들도 있는데 그런 것도 없어질 거고, 등골브레이커 같은 소리 안 들어도 되고요."

재우를 바라보며 태하가 물었다.

"넌 30만 원 받으면 뭐 할 거냐?"

"두 달 치 모아서 일단 플레이스테이션부터 질러야지."

"야, 지르면 불러라. 같이 하게."

재우는 태하와 하이파이브를 하며 둘이서 나란히 앉아 게임하는 즐거운 상상을 했다.

"르미는 어떨 것 같나요?"

"음, 재우처럼 딱히 하고 싶은 건 없지만 일단 용돈을 마음대로 쓸 수 있어서 좋을 것 같아요. 부모님한테 매번 용돈 달라고 하는 게 미안하기도 했거든요. 돈으로부터 좀 자유로워진다, 이런 느낌이 아닐까요?"

"돈으로부터의 자유…… 멋진 표현이군요."

선생님은 르미의 말을 반복해서 중얼거리며 안경을 매만졌다.

"태하는 어때요?"

"30만 원씩 준다는데 나쁠 이유가 있나요? 국가 전체적으로는 모르겠지만 개인적으로는 무조건 좋지 않을까요?"

"국가적으로는 어떤 점이 걱정이죠?"

"아무래도 모든 국민에게 매달 30만 원씩 준다면 큰돈이 들 테니까요. 잘 모르지만 부담되지 않을까요?"

태하는 마치 자기가 대통령이라도 된 양 심각한 표정을 지었다. "저 능청스러운 표정, 정말 보기 싫어"라며 진저리를 치는 르미의 모습에 모두 한바탕 웃었다.

"자, 이제 본론으로 넘어가 볼까요? 혹시 '기본소득제'라는 말 들어 본 적 있나요?"

아이들이 일제히 지유 쪽으로 고개를 돌렸다. 지금과 비슷한 상황은 흔히 있는 일이었다. 선생님이 어려운 질문이나 용어를 물어볼 때마다 아이들은 지유를 향해 '네가 우리의 대표다. 꼭 대답해 다오' 하는 염원이 가득한 눈빛을 보냈다. 물론 지유는 모두의 기대에 부응하듯 척척 답을 말했다.

"국가가 전 국민에게 일정 금액을 지급하는 것이 기본소득이라고 알고 있습니다."

역시 이번에도 예외는 없었다.

"그렇습니다. 지유가 말한 대로 국가가 모든 국민 개개인에게 조건 없이 똑같은 금액을 주기적으로 지급하는 제도를 기본소득제라고 합니다."

"그럼 기본소득제가 시행되면 어떨지에 대해 질문하신 건가요?"

"정확합니다. 기본소득제를 훌륭하게 이해했군요. 그러면 기본소득제에 대한 생각을 들어보고 싶네요. 지유 생각은 어떤가요?"

"듣기 좋기는 한데, 실현이 가능할지 모르겠다는 생각이 들어요. 태하가 말했던 것처럼 전 국민에게 일정 금액을 나눠 주게 되면 엄청난 돈이 들 텐데, 그 돈을 어떻게 마련할 수 있을지가 가장 큰 난관이라고 생각해요."

'우리나라 인구가 대략 5000만 명이니까 곱하기 30만 원. 매월 줘야 하니까 거기에 12를 곱하면……'

혼자 계산해 보던 재우가 머리를 좌우로 흔들었다. 암산으로 하기에는 너무 큰 금액이었기 때문이다.

"맞아요. 기본소득제는 엄청난 재원이 들어가는 일입니다. 그걸 어떻게 마련하느냐가 기본소득제를 논할 때 가장 중요한 쟁점이 될 겁니다. 하지만 그 밖에도 다양한 쟁점이 있죠."

선생님은 분필을 들어 칠판에 오늘의 논제를 썼다.

정부는 기본소득제를 시행해야 한다.

"오늘 논제는 이걸로 하겠습니다. 앞에서 이미 여러 좋은 의견이 나왔죠. 관련 자료를 찾아보면서 여러분의 의견을 구체화시키기만

해도 충분히 좋은 토론을 할 수 있으리라 믿습니다."

"오늘도 자유 토론으로 진행하나요?"

지유가 묻자 선생님이 고개를 저었다.

"오늘은 좀 정제된 방식의 토론을 해 볼까 합니다. '고전식 토론'
이라는 건데요. 이름처럼 아주 전통적인 방식이죠. 방식도 아주 간
단해요. 먼저 발언하는 찬성 측이 입론을 시작하면 반대 측이 반
론, 그리고 찬성 측이 재반론, 반대 측의 재반론이 이어집니다."

재우는 선생님이 말한 토론 순서를 노트에 적어 보았다.

찬성(입론) → 반대(반론) → 찬성(재반론) → 반대(재반론)

"여기서 끝나는 건 아니고, 반대 측의 재반론!"

선생님은 '반대(재반론)'라고 적힌 부분을 손가락으로 짚었다.

"이 재반론 이후를 주의해야 합니다. 다음으로 찬성 측이 발언해
야 할 것 같지만 반대 측이 추가반론을 해요. 찬성이 입론을 먼저
하는 기회를 가져간 만큼 반대 측에도 그에 합당한 기회를 제공하
는 거죠. 그러면 이런 순서로 진행됩니다."

찬성1(입론) → 반대1(반론) → 찬성2(재반론) → 반대2(재반론) → 반대1
(추가반론) → 찬성1(추가반론) → 반대2(최종변론) → 찬성2(최종변론)

선생님이 이어지는 토론 순서를 마저 적은 다음 말했다.

"마지막에 있는 최종변론을 한번 보세요."

선생님이 '최종변론'이라고 적힌 부분을 분필로 탁탁 쳤다.

"최종변론은 토론의 마무리라고 보면 됩니다. 그러니까 최종변론에서 새로운 쟁점을 가져오면 안 되겠죠? 주장의 핵심을 다시한번 강조하는 형식으로 준비해야 합니다. 앞서 진행된 토론을 요약하는 것도 좋아요. 토론 내용을 압축할 수 있는 비유나 일화를 삽입하면 청중을 사로잡는 효과가 있을 거예요. 인용을 활용하는 것도 강렬한 인상을 줄 수 있는 유용한 방법이랍니다."

태하가 손을 들었다.

"그러면 처음과 마지막 발언 기회를 모두 찬성 측에 주는 건데, 이러면 찬성 측이 너무 유리하지 않나요?"

"날카로운 지적입니다!"

신비 선생님은 마치 그 질문을 기다렸다는 듯 손가락을 쭉 뻗어 태하를 가리켰다. 태하는 좋은 질문을 한 자신이 자랑스러워 손바닥으로 가슴을 탕탕 치며 뿌듯해했다.

"어떤 것을 할 것인지 말 것인지를 따지는 '정책 논제'일 경우 찬성 측은 현재의 상태를 변화시켜야 한다는 부담을 지게 됩니다. 이걸 '입증 책임'이라고 하는데요. 그 부담을 덜어 주기 위해 찬성 측에 유리하게 발언 순서를 조정해 주는 겁니다."

설명을 마친 신비 선생님은 아이들을 쭉 한번 둘러보았다.

"이제 찬성과 반대로 나눠 봅시다. 시간을 좀 줄 테니 대화를 나누고 각자 입장을 선택해 보세요."

종소리가 울리자 아이들은 자연스럽게 대화 모드에 돌입했다. 이제 '종소리가 울리면 토론이 시작된다'는 토론하리의 운영 방식에 점점 익숙해지고 있었다.

"기본소득제에 찬성하는 사람 있어?"

르미가 먼저 손을 들고 나섰다.

"난 찬성! 코로나19 때문에 지난번에 받았던 긴급재난소득이 기본소득하고 비슷하잖아. 우리 엄마가 긴급재난소득의 수혜자 아니겠니? 사람들이 밖에 잘 안 나오니까 가게 매상이 엄청 줄어들었거든. 근데 긴급재난소득 지원받고 나서부터 주문이 좀 오더라고. 아마 기본소득제가 시행되면 우리 엄마 같은 소상공인에게 도움이 될 거야."

"그건 긴급재난소득이 특정 지역에서만 쓸 수 있게 설계된 거라서 그런 거 아냐? 본래 기본소득제는 현금으로 지급되는 건데, 긴급재난소득은 카드랑 연계했거든. 일정 시간이 지나면 못 쓰게 하고 말이야. 다시 말하면 무조건 소비하도록 설계되어 있었단 거지. 이 지점을 분명하게 해야 제대로 된 토론을 할 수 있을 것 같아. 현금으로 지급하는 것만 기본소득제라고 할지, 아니면 선생님이 말씀하신 대로 조건 없이 일정 금액을 정기적으로 받는 것만을 기본소득제라고 할지."

지유의 말은 '논제에서 제시된 용어의 개념을 정확하게 정의하고 시작하라'는 토론의 기본 수칙을 지적하는 발언이었다.

"그럼 이렇게 정리하는 게 어때? 현금이라는 말은 빼고 선생님이 말씀하신 정의로 토론하는 거지. 선생님이……."

메모지를 살펴보며 태하가 말했다.

"아, 찾았다. '국가가 모든 국민 개개인에게 조건 없이, 똑같은 금액을, 주기적으로 지급하는 제도' 이렇게 말씀하셨어."

르미가 놀라워하며 감탄사를 내뱉었다.

"오~ 박태하~ 너 굉장히 적극적이다? 메모를 다 하고."

"내가 마음만 먹으면 뭐든 잘한다고! 이거 왜 이래?"

"그럼 태하 말대로 현금 지급 부분은 빼자. 찾아보니까 기본소득제를 찬성하는 사람 중에서도 꼭 현금으로 지급해야 하는 건 아니라는 의견도 있는 것 같거든. 그럼 이제 찬성하고 반대를 나눠 보자."

"지유 니는 찬성이가 반대가?"

"나는 반대. 사실 난 기본소득제에 관심이 좀 있어서 찾아본 적이 있어. 사회 시간에 기본소득제에 대해 발표한 적도 있고. 아까도 말했지만 어떻게 그 큰돈을 마련할지가 가장 큰 문제야. 다른 문제도 몇 개 떠오르는 게 있고. 난 반대로 갈게."

"오케이. 재우 넌? 찬성이야, 반대야?"

"나는 찬성. 들어 보니 내 꿈하고도 관련이 있을 것 같더라고. 할 얘기도 좀 있고. 그래서 찬성 쪽인데…… 태하 니는?"

"난 굳이 얘기하자면 중립인데, 네가 찬성이라면 내가 반대 쪽으로 가도 될 것 같다."

르미가 태하에게 눈을 흘겼다.

"박태하, 너 지유한테 묻어가려는 꼼수를 부리는 건 아니겠지?"

태하가 검지를 세워 좌우로 까딱까딱했다.

"구르미, 넌 나를 너무 띄엄띄엄 보는 경향이 있어. 하긴 오빠의 이 깊은 속을 네가 어찌 가늠할 수 있겠니."

"이게 확 그냥! 지금 가늠할 수 없는 곳으로 보내 줄까?"

발끈한 르미가 손을 들어 올리면 태하가 피하는 시늉을 하는 익숙한 풍경이 펼쳐졌다. 대강 입장 정리가 된 것 같다고 판단했는지 선생님이 읽던 책을 덮었다.

"자, 이제부터 본격적인 토론에 들어가기 전에 할 일이 있어요. 우리가 있는 교실 아래층에 뭐가 있는지 다 알고 있죠?"

동아리실은 도서관 건물 2층에 있었다.

"여러분이 지금 예상하는 것처럼 오늘은 도서관에서 자료를 조사해 줬으면 해요. 그동안은 인터넷에 의존했는데, 이번에는 책도 함께 찾아보면 좋겠어요. 그렇다고 인터넷을 배제하라는 건 아니고요. 도서관에 컴퓨터가 비치되어 있으니까 인터넷을 활용하기에도 더 편할 거예요. 자, 짐을 꾸려 볼까요?"

말을 마치기 무섭게 선생님은 교실을 벗어났다. 당황한 아이들이 얼른 간단한 필기도구를 챙겨 따라나섰지만 이미 선생님은 시야에서 사라진 뒤였다.

도서관 문을 열자 사서 선생님과 이야기를 나누고 있는 신비 선생님의 모습이 보였다.

"어서 오세요. 마음껏 책을 살펴봐도 좋습니다. 서로 얘기를 나눠도 됩니다. 이미 사서 선생님께 허락을 받았답니다. 이 시간에는 아무도 안 온다고 하네요."

선생님은 조용히 문학 도서가 모여 있는 책장에서 책 한 권을 뽑아 들었다. 선생님이 책을 읽는다는 것은 이제부터 활동을 시작하라는 일종의 신호였다. 태하가 푹신한 소파가 비치된 뒤쪽 테이블에 자리를 잡고 앉아 지유를 불렀다. 지유는 어깨를 으쓱하며 태하쪽으로 걸음을 옮겼다.

"그럼 우리는 앞쪽으로 갈까?"

르미와 재우는 도서관 앞쪽에 자리를 잡았다.

"책을 찾기 전에 먼저 논제에 대해 얘기를 좀 해 보자. 네가 찬성하는 이유는 뭐야?"

"아까 내 꿈하고 관련이 있다고 했던 거 기억나나?"

"응, 기억나지. 네 꿈도 기억하고. 메이크업 아티스트잖아."

"맞다. 내가 메이크업 아티스트가 꿈이라고 하면 보통 어른들은 뭐라고 하는지 아나?"

"남자가 뭐 그런 걸 하나?"

"빙고! 그 반응이 제일 많지. 남자가 야망도 없냐, 공부는 포기했냐, 뭐 이런 거 있다 아이가. 근데 또 있다."

"뭔데?"

"그거 하다가 굶어 죽으면 우짤래? 돈 못 번다는 얘기지."

"메이크업 아티스트가 돈 못 벌어? 많이 벌 것 같은데?"

"처음엔 완전 박봉이란다. 메이크업도 기술이니까 자기 기술을 배우기까지는 월급도 적고 대우도 안 좋다고 하더라고. 어느 정도 경력이 쌓이면 그나마 괜찮은데, 그 단계까지 가기가 쉽지 않다대. 그래서 중도에 많이 포기한단다."

무언가를 깨달은 것처럼 르미가 손바닥으로 테이블을 살짝 쳤다.

"아, 기본소득이 있으면 그 사람들이 그나마 박봉이어도 견딜 만 하겠네."

"역시 구르미. 이해가 빠르다니까."

"좋아, 좋아!"

르미가 노트에 '박봉을 견딜 수 있다'라고 썼다.

"르미 니는 왜 기본소득제에 찬성하는데?"

"난 아까 말한 거랑 같아. 돈이 있으면 저축도 하겠지만 소비도 하잖아. 소비가 늘어나면 생산도 늘어날 테고. 그러면 우리 엄마 같은 자영업자들이 좀 잘살게 되지 않을까 싶어."

소비자의 구매력이 올라가면 생산이 늘고, 그러면 늘어나는 생산을 감당할 소비도 늘어나는 선순환이 일어난다. 이런 생산과 소비의 관계가 자본주의를 지탱하는 가장 기초적인 토대라는 건 재우도 사회 시간에 배워 알고있었다.

"기본소득제 이거, 처음에는 복지라고만 생각했는데 경제정책인 거 같기도 하다. 국민한테 소비할 수 있는 능력을 줘서 경제를 움직이는 거지."

"네 말도 맞아. 근데 어떤 면에서는 그게 개인한테 자유를 주는 거라고 볼 수도 있지 않을까?"

"자유라고?"

"생각해 봐. 기본소득으로 30만 원을 받는다고 쳐. 너 같으면 일을 할 것 같아?"

"당연히 해야지. 30만 원으로는 생활이 안 된다 아이가."

"맞아. 나도 일을 해야 한다고 생각해. 그렇지만 돈을 벌기 위해서 하기 싫은 일을 하지 않을 수 있는 여유 정도는 생길 것 같아."

재우는 고개를 끄덕였다. 일을 하지 않으면 당장 굶어야 할 정도로 궁핍한 사람은 일자리에 대한 선택권이 없다. 그런 사람들은 보수가 적고 힘든 일자리라도 어쩔 수 없이 할 수밖에 없을 것이다. 그런데 만약 그들이 기본소득을 받는다면 좀 더 좋은 일자리가 나올 때까지 기다릴 수 있는 여유가 생기지 않을까? 혹은 교육받을 시간을 벌어 조금 더 나은 일자리를 구할 수도 있을 것이다.

"일단 일이나 노동에 관한 책을 좀 찾아보자. 거기서 단서를 얻을 수 있을 것 같아."

"오케이. 그러면 우리가 입론에서 말할 것은 정리된 거 같고, 반대 측에서 반론을 할 거 아이가? 그것도 준비해야지. 쟈들이 뭐라고 할 거 같노?"

"일단 '그 큰돈을 어디서 마련할 것인가?'가 가장 먼저 나오겠지."

"응, 지유가 힌트를 줬지. 그건 내가 찾아볼게. 1인당 매달 30만 원씩 주면 얼마가 드는지 계산도 해 봐야 할 것 같네. 그리고 또?"

"우리 둘은 매달 30만 원씩 받아도 일하겠다고 했잖아. 근데 일하지 않겠다고 하는 사람도 있지 않을까? 월 30만 원이면 충분하다고 하는 사람도 있을 거란 말이지."

"아, 일을 포기하는 사람이 생길 거다?"

"그렇지. 반대 측에서는 그걸로 반론할 수도 있어. 그러면 넌 뭐라고 반론할래?"

"니가 말한 자유를 말해야지. 일을 선택할 수 있는 자유가 있다는 건 반대로 말하면 일을 하지 않을 자유도 있다는 거 아이가?"

"오~ 맞네. 이야, 멋지다. 소름~ 소름~"

르미는 진짜 소름이 돋기라도 한 것처럼 자기 팔을 쓰다듬더니 '일을 하지 않을 자유'라고 노트에 쓰고 동그라미를 쳤다.

"자, 그럼 자료를 찾아 떠나 봅시다! 재우 넌 기본소득에 대한 책을 좀 찾아봐 줘. 거기에서 돈을 어떻게 마련할 건지에 대한 의견을 찾을 수 있을 것 같아. 나는 일이나 노동에 대한 책을 좀 찾아볼게. 일하지 않을 자유에 대한 내용을 보충하고 싶거든. 아, 메이크업 아티스트에 대한 정확한 정보도 부탁해."

르미의 지휘에 맞춰 둘은 천천히 도서관을 살펴보기 시작했다. 반대 측도 자료를 찾기 위해 움직이고 있었다. 재우는 얼른 인문·사회 분야 쪽으로 가서 '기본소득'이라는 단어가 포함된 책 제목을 훑었다. 쉽게 찾을 수 있을 것 같던 예상과 달리 관련 책은 잘 보이지 않았다.

"재우 학생, 뭐가 잘 안되나요?"

아, 깜짝이야! 재우는 너무 놀라서 하마터면 소리를 지를 뻔했다.

"아, 네. 제목에 '기본소득'이 들어간 책이 있을 줄 알았는데 없으니까 당황스럽네요."

신비 선생님은 책꽂이에 꽂힌 책들을 눈으로 훑으며 물었다.

"기본소득에 대해서 르미와 대화를 나눴지요? 어떤 얘기를 했나요?”

“기본소득제가 기본적으로는 복지정책이지만, 경제정책일 수도 있겠다는 얘기를 나눴습니다.”

“좋네요. 그럼 복지부터 시작해 볼까요?”

신비 선생님은 책 제목에 ‘복지’가 들어간 책 두 권을 뽑아 재우에게 건넸다.

“이 책들이 도움이 될지 모르겠네요. 잘 살펴보세요.”

재우가 책의 차례를 살펴보다가 고개를 드니 신비 선생님은 이미 자리에 없었다. 대신 책장 너머 반대편에서 태하와 이야기를 나누는 선생님의 목소리가 들렸다. 재우는 테이블로 돌아와 책을 훑어보기 시작했다. 책에는 기본소득의 개념이나 장점과 한계 같은 정보가 담겨 있었다. 그중 필요한 부분을 발췌해서 노트에 옮겨 적다가 ‘분배’라는 용어가 눈에 띄었다. 책에서는 기본소득이 국가의 소득을 국민에게 분배하는 개념이라고 설명하고 있었다. 재우는 다시 책장 쪽으로 가서 이번에는 분배를 키워드로 하여 책을 찾았다. 제목에 분배가 들어간 책에는 기본소득에 대한 훨씬 자세한 내용이 들어 있었다. 재우는 책을 빠르게 넘기면서 논거를 뒷받침할 자료들을 정리했다.

“바쁘네. 뭐 좀 찾았어?”

두툼한 책을 한 아름 안고 테이블로 돌아온 르미가 물었다.

"어, 선생님이 도와주셨거든. 근데 니는 뭘 그렇게 많이 찾아 왔노?"

"아, 이거? 전부 다 볼 건 아니고, 노동에 관한 내용 중에 마음에 드는 것이 드문드문 있어서 몇 개만 발췌할 거야. 이제 입론을 준비해 볼까?"

"입론은 내가 써 볼게. 이 책에서 괜찮은 논거를 찾은 거 같거든."

재우는 자신이 직접 찾은 책을 흔들며 말했다.

"이야, 저 자신감! 마음에 들었어. 좋아, 그럼 나는 반론을 준비할게."

프렙 기법을 활용하여 재우는 어렵지 않게 입론을 썼다. 부족한 자료는 인터넷 검색을 통해 내용을 채웠고, 르미가 조사한 내용도 추가했다. 완성된 입론 원고를 보여 주자 르미가 흡족한 얼굴로 고개를 끄덕였다. 재우가 자리에서 일어나 반대 측의 분위기를 살폈다. 한창 분주하게 논의를 하고 있는 지유와 태하가 보였다. 반대 측도 이쪽 못지않게 단단히 준비를 하고 있는 것 같았다. 재우는 오늘 토론도 만만찮겠다고 생각했다.

논제의 종류

1. 사실 논제 : 사실의 진위 여부를 논하는 논제이다. 따라서 토론 참가자는 믿을 만한 정보를 바탕으로 사실관계를 입증하며 주장을 펼쳐야 한다.

   예) 강력한 처벌은 범죄 예방에 효과가 있다.

2. 가치 논제 : 어떤 것이 더 좋고 나쁜지, 혹은 옳고 그른지에 대한 가치판단을 하는 논제이다. 따라서 토론 참가자는 자신이 주장하는 가치가 더 올바르며 수용할 만하다는 것을 입증해야 한다.

   예) 영어 조기 교육은 바람직하다.

3. 정책 논제 : 어떤 정책을 실행할 것인지 말 것인지를 주장하는 논제이다. 따라서 토론 참가자는 자신이 주장하는 정책이 현재 시행 중인 정책보다 더 낫다는 것을 입증해야 한다.

   예) 대리모 출산을 허용해야 한다.

복지정책과 경제정책

▶ 복지정책 : 국민의 인간다운 생활을 보장하기 위해 국가가 적극적으로 수행하는 모든 정책을 뜻한다. 소득 불균형 해소, 국민의 생활 및 주거 환경 개선, 국민 개개인의 자아실현 및 능력 계발을 위한 교육 기회 확대 등을 목표로 한다.

▶ 경제정책 : 국민 경제의 발전을 위해 경제활동에 있어 각 분야에서 경제적 모순을 완화하거나 조정하는 정책을 뜻한다. 실업의 축소, 인플레이션의 억제, 국제수지의 균형, 높은 경제성장의 지속, 생활의 질 향상, 소득과 부의 공평한 분배 등을 목표로 한다.

고전식 토론

자료 조사를 마친 아이들은 각자 책을 가득 챙겨 동아리실로 돌아왔다.

"자, 그럼 토론을 시작해 봅시다. 오늘은 고전식 토론으로 진행하겠습니다. 발언 순서는 여기를 참고해 주세요."

선생님이 손가락으로 칠판을 가리켰다.

찬성1(입론) : 남재우 → 반대1(반론) : 성지유 → 찬성2(재반론) : 구르미 → 반대2(재반론) : 박태하 → 반대1(추가반론) : 성지유 → 찬성1(추가반론) : 남재우 → 반대2(최종변론) : 박태하 → 찬성2(최종변론) : 구르미

땡 하고 종소리가 울렸다.

"지금부터 '정부는 기본소득제를 시행해야 한다'라는 논제로 토론을 실시하겠습니다. 그럼 찬성 측, 입론해 주시기 바랍니다."

선생님의 진행에 따라 재우가 입론이 적힌 노트를 들고 일어섰다. 물론 원고를 그대로 읽을 생각은 아니었다. 원고를 그대로 읽으면 전달력이 떨어진다는 르미의 조언을 듣고 이미 원고 내용을 다 외워 버렸기 때문이다. 그렇지만 손에 뭔가를 쥐고 있지 않으면 허전하고 불안했다. 그러니까 노트는 일종의 불안감 해소제인 셈이었다.

"저희는 '정부는 기본소득제를 시행해야 한다'라는 주장에 찬성합니다. 그 이유는 첫째, 기본소득은 변화하는 경제구조와 노동환경에 대처할 수 있는 수단이 됩니다. 앞으로 다가올 4차 산업혁명 시대에는 AI를 기반으로 한 로봇이 많은 일자리를 대체하게 될 것이고, 그 과정에서 대량 실업 사태가 발생할 것입니다. 문제는 실업을 겪게 될 사람들이 경제의 한 축을 이끌고 있는 소비자라는 점입니다. 이들이 소비 능력을 잃으면 생산자들도 큰 타격을 입고, 결국 자본주의 경제체제는 위기를 맞게 될 것입니다. 따라서 기본소득제는 국민에게 소비할 수 있는 능력을 부여함으로써 국가 경제를 건강하게 유지하는 방안이 될 수 있습니다."

지유는 예상했다는 듯 고개를 끄덕이며 열심히 받아 적었다.

재우는 갑자기 불안한 마음이 들었지만 침착하게 입론을 이어가는 데 집중했다.

"둘째, 기본소득제를 통해 사람들은 노동으로부터 자유로워질 것입니다. 일을 하지 않으면 오늘 밥을 굶어야 할 정도로 궁핍한 사람은 자신의 직업을 선택할 자유가 없습니다. 질이 낮은 일자리라 하더라도 생계를 유지하기 위해서는 그 일을 선택할 수밖에 없기 때문입니다. 기본소득은 그들에게 교육의 기회를 제공할 수도 있고, 좀 더 나은 일자리를 구할 여유를 주기도 할 것입니다. 인간은 누구나 자유를 누릴 있는 권리가 있습니다. 그러나 권리가 있다고 해서 누구나 그 권리를 누릴 수 있는 것은 아닙니다. 자유를 누릴 수 있는 상태에 있어야 비로소 가능한 것이죠. 모든 국민에게 일정 금액을 지급하는 것은 개인의 자유를 보장하는 최소한의 자원 분배라고 생각합니다. 다시 말하면, 기본소득제는 개인의 자유를 보장하는 기본 전제인 것입니다."

고개를 끄덕이는 지유를 너무 의식한 탓이었을까. 갑자기 외운 부분이 생각이 나지 않아서 즉흥적으로 수정해서 말해야 했다. 때문에 본래 준비한 원고보다 조금 더 길어지긴 했지만 그럭저럭 자연스럽게 메운 것 같았다.

"입론 잘 들었습니다. 찬성 측은 기본소득제가 변화하는 노동환경에 대처할 수 있는 수단이 될 수 있다는 점, 인간을 노동으로부터 자유롭게 할 수 있다는 점을 들어 찬성하는 입장을 밝혔습니다. 다음은 반론입니다. 입론에서 언급된 내용에 관해서만 반론할 수 있습니다. 그럼 반대 측 제1토론자, 반론하세요."

선생님이 손바닥을 펴 반대 측을 가리키자 지유가 일어섰다.

"반대 측 반론하겠습니다. 찬성 측은 기본소득을 통해 국민에게 소비 능력을 부여하여 소비를 할 수 있도록 한다고 했습니다. 생산과 소비의 유기적 관계를 통해 경제가 활성화되는 것은 물론 저희도 인정합니다. 하지만 그 많은 돈을 어디에서 충당할 것인지에 대해서도 고려해야 합니다. 국민의 소비 능력을 유지시키기 위해 지급하는 돈은 모두 세금입니다. 기본소득제는 소비를 촉진시켜 생산자를 돕는 정책이므로 시행을 위한 세금의 대부분은 생산자, 즉 기업에서 담당해야 한다는 결론이 나옵니다. 모든 국민에게 매월 30만 원씩 지급하려면 1년에 약 180조 원이라는 큰돈이 듭니다. 우리나라의 한 해 예산을 500조 원이라고 하면, 이는 35퍼센트에 해당하는 엄청난 액수죠. 그런데 그 금액을 생산자가 책임져야 한다면 누가 기업을 운영하려고 하겠습니까?"

잠시 숨을 돌린 지유가 말을 이었다.

"또 국민을 노동으로부터 자유롭게 한다고 했습니다. 하지만 그 자유 속에는 아무 일도 하지 않을 자유도 포함된 것 아닐까요? 아무도 일을 하려고 하지 않으면 사회 전체가 무기력증에 빠질 위험이 있습니다. 실제로 일본에서는 아르바이트만으로 생계를 꾸리는 사람인 '프리터'가 있습니다. 아예 취업을 포기한 채 무기력하게 살아가는 '니트족'도 있죠. 이들에게 일정 금액을 지불한다고 해서 노동에 의지가 생길까요? 오히려 그 돈에 만족하며 살아가는 사람이 더 많이 늘어나 사회의 발전을 저해하지는 않을까요? 이들의 공통점은 일자리가 주어지지 않는 환경입니다. 보다 나은 일자리를 계발해서 청년들에게 제공하는 것이 보다 건전한 사회를 만들어 갈 수 있는 방안이라고 생각합니다."

재우는 당황스러웠다. '일을 하지 않을 자유'는 '기본소득제로 사람들이 일을 하지 않게 된다면 어떻게 할 것인가'에 대한 반론으로 준비한 내용이었다. 그런데 반대 측에서 먼저 일을 하지 않을 자유를 언급해 버린 것이다. 르미의 표정에서 미세한 불안감이 느껴졌다. 그러자 재우가 급하게 노트에 메모를 한 다음 르미에게 보여 주었다.

두 번째 반론 반박 ×, 첫 번째만 반박!

르미가 고개를 끄덕였다.

"반론 잘 들었습니다. 다음은 찬성 측 제2토론자, 반대 측 반론에 재반론하세요."

반론을 위해 르미가 자리에서 일어났다.

"만약 한 기업가가 1년에 100억을 벌었고 세금은 10억을 냈다고 가정해 봅시다. 그러다 기본소득제가 실시되면 기업가의 이득이 좀 더 늘어날 테니 세금으로 20억을 내라고 합니다. 수익이 90억에서 80억으로 줄어들었죠. 기업가 입장에서는 큰 손해입니다. 하지만 그런다고 그 기업가가 80억의 이익을 포기하고 매달 30만 원의 기본소득을 받으면서 살겠습니까? 아니면 이전보다 더 나은 수익을 내기 위해 노력하겠습니까? 저는 후자일 거라 생각합니다. 전 마이크로소프트 CEO인 빌 게이츠는 '로봇세'를 주장했습니다. 로봇의 노동으로 생긴 경제적 가치에 세금을 부과하자는 것이죠. 4차 산업혁명으로 인건비를 아낄 수 있게 되면 기업은 더 많은 이득을 볼 것입니다. 하지만 소비자가 없으면 그 이득이 보장되지 않습니다. 기본소득제는 기업의 의지를 꺾지 않을 것입니다. 오히려 기업은 더 많은 소비자를 확보하기 위해 노력할 것입니다."

발언이 끝난 뒤 르미가 자리에 앉았다. 재우는 처음 토론하리에서 했던 토론 장면을 떠올렸다. 갑작스러운 작전 변경에도 표정 변화 없이 노련하게 위기에 대처하는 르미의 모습을 보니 다들 많이 성장한 것 같다는 생각이 들었다. 태하는 처음에 비하면 훨씬 진지해졌다. 지금도 쉴 새 없이 뭔가를 적으면서 지유와 작전을 세우고 있었다. 물론 재우도 많이 변했다. 상황을 지켜보고 작전을 변경할 수 있는 여유까지 생겼다. 지유는 여전히 자타공인 토론하리 에이스지만 처음보다 조금 더 단단해진 느낌이다.

"찬성 측 반론 잘 들었습니다. 다음은 반대 측 제2토론자, 반론 시작해 주세요."

태하가 일어섰다. 평소에는 잘 쓰지 않던 안경까지 쓰고 진지하게 말하는 모습이 조금은 어색했다.

"4차 산업혁명으로 많은 부분이 로봇으로 대체될 것이라는 점은 인정합니다. 하지만 로봇을 활용할 수 있는 기업은 아직은 제한적입니다. 업종의 특성이나 로봇의 가격 등을 고려해야 하기 때문이죠. 실제 일본에서는 2015년 세계 최초로 로봇 호텔인 '헨 나 호텔'을 오픈했지만, 로봇의 오작동으로 인해 현재는 다시 인력으로 운영되고 있습니다. 이처럼 아직 많은 기업은 사람의 손을 필요로 하고, 로봇세를 낼 수 있는 기업은 한정되어 있습니다. 게다가 기본소득제를 실행하기 위해서는 로봇세 이외도 더 많은 부분에서 세금을 늘려야 하는 부담이 있습니다. 따라서 저소득층에게 집중적으로 지원하는 지금의 복지 시스템을 유지하는 것이 오히려 현실적입니다. 전 국민에게 30만 원씩 주는 것보다는 도움이 필요한 사람에게 100만 원씩 지급하는 것이 더 효과적이지 않을까요?"

태하가 신비 선생님처럼 검지와 엄지로 안경을 잡아 고쳐 썼다.

"반대 측 반론이 끝났습니다. 다음은 다시 반대 측의 추가반론이 이어지겠습니다. 반대 측 제1토론자, 발언해 주세요."

"약 180조 원이라는 막대한 자금을 마련하기 위해서는 증세, 즉 세금을 늘리는 것뿐만 아니라 다른 복지에 쓰이고 있는 세금을 기본소득을 위한 세금으로 용도를 변경해야 합니다. 2016년부터 기본소득제 도입을 주장해 오던 녹색당의 경우, 기초연금이나 양육수당 등 기본소득과 유사한 예산들을 통합해서 보편복지를 확대하자고 했습니다. 하지만 기초연금이나 양육수당은 현재 필요한 사람들에게 적절하게 잘 활용되고 있는 복지 시스템입니다. 기본소득에 들어가는 막대한 예산은 결국 기존의 복지 시스템을 허물어야만 가능하죠. 기존의 복지 시스템에 문제가 없는 것은 아닙니다. 하지만 문제가 있다고 해서 현재 잘 운영되고 있는 제도까지 모두 허물어 버릴 필요가 있을까요? 잘못된 부분을 조금씩 개선해 나가는 것이 더 효과적이고 현명한 방식이라고 생각합니다."

자신들은 미처 찾아보지 못한 녹색당의 공략이 언급되자 재우는 조금 당황했지만 마음을 추스르려 애썼다. 당황하면 제대로 된 반론을 할 수 없기 때문이다. 재우는 어떻게 반론할 것인지를 생각하면서 반대 측의 발언을 적은 노트를 꼼꼼히 살펴보았다. 태하가 말한 내용은 가난한 사람들을 중점적으로 지원하자는 것인데, 기본소득제의 취지와 대립되는 이야기였다. 그렇다면 쟁점은 '선택적 복지냐 보편적 복지냐'이다. 이것은 르미가 찾아 온 자료에서 나온 쟁점이었다. 다른 쟁점은 지유가 지적한 '어떻게 세금을 마련할 것인가'였다. 이와 관련된 내용 역시 준비를 많이 해 뒀으니 충분히 반론할 수 있을 것 같았다.

"찬성 측 제1토론자, 반론하세요."

재우가 자리에서 일어났다.

"기본소득제를 도입하기 위해서는 많은 돈이 필요하다는 것은 인정합니다. 그렇다고 꼭 세금을 인상시킬 필요는 없습니다. 비효율적으로 사용되고 있는 세금을 절약하는 방안을 고려해 본다면 말이죠. 2002년 3500억 원을 투입해 만든 양양국제공항은 20년간 약 1100억 원의 적자를 내고 있습니다. 2008년 전남 함평군에서는 관광객 유치를 위해 황금박쥐 조형물을 만드는 데 30억 원을 투입했습니다. 그러나 관광객 유치에는 그다지 도움이 되지 않았을 뿐만 아니라 매년 2000만 원의 보험료까지 지불하고 있다고 합니다. 우리 주변에서도 이런 일은 쉽게 찾아볼 수 있습니다. 연말만 되면 멀쩡한 도로를 갈아엎는 것을 한 번쯤은 보셨을 겁니다. 이런 일이 전국적으로 일어난다고 생각해 보십시오. 세금이 제대로 쓰이고 있는지 잘 확인하고 관리한다면 충분한 예산을 확보할 수 있을 거라고 생각합니다."

재우는 잠깐 숨을 고르고 주변을 바라보았다. 모두가 자신을 바라보고 있었다. 긴장과 설렘이 동시에 느껴졌다.

"또 반대 측에서는 소득이 낮은 쪽을 집중적으로 지원하는 방식에 대해 말했습니다. 이는 얼핏 타당하게 들릴 수도 있지만 현실에 적용할 때는 상황이 많이 다릅니다. 선택적 복지의 경우, 보통 본인이 신청을 합니다. 우리나라의 아동수당이나 육아수당 등도 모두 개인이 직접 신청해야 하죠. 하지만 소득이 낮을수록 이런 제도가 있다는 사실조차 몰라서 신청하지 못하는 경우가 많습니다. 앤서니 앳킨슨이 쓴 『불평등을 넘어』라는 책을 보면, 급여를 지원받을 자격이 있는 사람 중 실제 신청자가 프랑스는 65퍼센트, 독일은 33퍼센트, 아일랜드는 30퍼센트밖에 되지 않습니다. 정말 필요한 사람들이 지원받지 못하는 일이 벌어지는 것입니다. 더구나 소득이 낮은 사람만 집중적으로 지원할 경우, 그들이 느낄 수치심도 고려해야 합니다. 수치심 때문에 신청하지 않는 경우도 많기 때문입니다. 2017년 한국보건사회연구원에서 실시한 심층 면접에 따르면, 대상자들은 '자녀 등 가족이 피해를 볼 수 있어서' '복지 낙인과 수치심으로 인해'라는 이유로 기초생활보장제도를 알면서도 신청하지 않는다고 합니다. 이렇듯 복지정책은 대상자의 심리적인 요인도 중요하게 고려해야 하는데, 보편적 복지는 개인의 잘못이나 심리적 요인으로 대상자가 누락되는 문제를 방지할 수 있습니다."

긴 발언을 마치자 재우는 힘이 쭉 빠져나가는 것 같아 자리에 털

썩 주저앉았다. 르미가 잘했다며 어깨를 두드렸다. 긴장이 풀리고 나니 가슴이 더 뛰었다.

"찬성 측 반론 잘 들었습니다. 그럼 이제 최종변론이 있겠습니다. 반대 측 제2토론자, 발언해 주세요."

태하가 자리에서 일어나 재우와 르미를 바라보았다.

"찬성 측에서 주장하고 있는 기본소득제에는 두 가지의 문제가 있습니다. 첫째, 찬성 측이 말한 방법으로는 기본소득제를 위한 재원을 확보할 수 없습니다. 앞선 토론에서 이야기했듯이 기본소득제는 엄청난 예산이 들어가는 복지정책입니다. 이를 실행하기 위해서 증세는 불가피합니다. 세계에서 가장 복지가 잘되어 있다고 평가받는 스웨덴의 경우, 연봉의 최고 60퍼센트를 세금으로 내야 합니다. 이처럼 우수한 복지제도를 위해서는 그만큼의 세금을 국민 모두가 부담해야 한다는 사실이 전제가 되어야 하죠. 하지만 우리나라 국민이 기본소득제를 시행하기 위한 증세를 받아들일 수 있을지 의문입니다."

태하가 안경을 고쳐 썼다.

"둘째, 일하지 않는 사람에게도 돈을 지급하는 것은 사회를 발전시키는 데 큰 도움이 되지 못합니다. 우리나라 발전의 원동력은 성실한 국민의 생활 태도와 높은 교육열입니다. 자신이 노력한 만큼 대가를 받을 수 있다는 믿음도 큰 역할을 했죠. 그런데 아무런 노력도 하지 않은 사람에게 일정한 금액을 지불하는 것은 우리나라를 지탱해 온 가치관에 큰 타격을 줄 수 있습니다. 국가가 기본소득을 보장하게 된다면 더 이상 노력하지 않는 사람이 증가할 것입니다. 이는 국가 경쟁력에도 치명적인 영향을 미치겠죠. 2016년 스위스에서 매달 약 300만 원을 지급하는 기본소득안을 국민투표에 붙인 적이 있었습니다. 하지만 77퍼센트의 반대로 부결되었습니다. 무리하게 기본소득을 지급하려다가는 현재 잘 운영되고 있는 복지제도를 바꿔야 한다는 부담감과 증세를 피할 수 없다는 점이 반대의 주된 이유였습니다. 물론 그렇게 되면 아무도 일하려고 하지 않을 것이라는 불안감도 작용했을 것입니다. 우리 여론도 스위스와 크게 다를 것 같지는 않습니다."

발언을 마친 태하가 숨을 크게 들이마신 뒤 내뱉었다. 웬만해서는 긴장하지 않는 태하였기에 심호흡을 하는 모습이 낯설어 보였다. 그런데 재우 바로 옆에서도 크게 심호흡하는 소리가 들렸다. 마지막 발언을 앞둔 르미였다.

"이제 토론의 마지막 발언입니다. 찬성 측, 최종발언 해 주세요."

"긴장하지 말고 해라."

재우가 어깨를 툭 치니 르미가 웃으며 일어섰다.

"기본소득제에 필요한 재원을 마련하기 위해서는 증세가 필요하다는 걸 인정하더라도 그것이 꼭 국민 모두의 세금을 늘리는 방법일 필요는 없습니다. 재원을 마련하는 방법은 여러 가지가 있습니다. 상속 및 증여세나 종합부동산세, 소득세 등 고소득자의 세금을 거둬들이는 방안이나 대기업의 법인세를 인상하는 방안을 생각해 볼 수 있습니다. 고소득층의 소득세를 인상하는 방안도 고려해 봐야 합니다. OECD에 따르면 우리나라의 경우 국내 총생산 대비 소득세가 차지하는 비중은 4.5퍼센트로 조사되었는데, 이는 OECD 평균인 8.3퍼센트의 절반 정도에 해당하는 수치입니다. 전문가들은 이런 현상이 고소득자에 대한 세금 감면이 지나치게 많이 이루어지고 있기 때문이라고 지적합니다. 이 같은 부분을 개선하면 국민 모두의 세금을 늘리지 않고도 충분히 재원을 마련할 수 있을 거라고 생각합니다."

잠시 말을 멈춘 르미는 헛기침을 몇 번 하며 목소리를 가다듬은 다음 발언을 이어 나갔다.

"'일을 하지 않은 자, 먹지도 마라'는 말이 있습니다. 이는 반대 측에서 말한 것처럼 지금까지 우리나라를 이끌어 왔던 가치관을 대표하는 말이죠. 하지만 이 말이 성립하기 위해서는 일하고자 하는 사람이라면 누구라도 일을 할 수 있어야 합니다. 일자리가 넉넉했던 예전과 달리 현재 청년들의 취업은 점점 힘들어지고 있고, 앞으로 더 힘들어질 거라고 전망됩니다. 이런 상황에서 소비를 하고 싶으면 일을 하라는 건 너무 가혹한 말이 아닐까요? 이런 가치관을 유지하는 것이 과연 사회 발전에 도움이 될지 의문입니다. 4차 산업혁명 이후 일자리가 점점 없어지는 상황이 지속되어 소비자가 줄어들면 기업의 이익도 줄어들고, 결국 경제는 무너지게 됩니다. 세계적인 기업의 CEO들이 앞다투어 기본소득제의 도입을 주장하는 것도 이런 이유일 것입니다.

페이스북의 창립자 마크 저커버그는 하버드 대학 졸업식장에서 이런 말을 했다고 합니다. '가장 위대한 성공은 실패할 자유를 가지는 데서 나온다.' 현재 우리나라에는 실패할 자유가 보장되어 있지 않습니다. 엄청난 경쟁률에도 불구하고 공무원 시험을 준비하는 사람은 더 늘어만 갑니다. 이 많은 수험생이 정말 공무원이 꿈이라서 공무원 시험에 뛰어든 걸까요? 혹시 실패할 여유가 없기 때문에 가장 안정적인 직업을 선택한 것은 아닐까요? 저희는 국민 개개인의 실패할 수 있는 자유, 자신의 일을 선택할 수 있는 자유를 보장하기 위해서 기본소득제에 찬성하는 것입니다."

"니는 기본소득제 찬성이가 반대가?"

교실로 돌아가는 길에 재우가 태하에게 물었다.

"처음에 말했듯이 나는 기본소득제 좋아. 사실 안 좋을 이유가 없지 않냐? 게다가……."

"게다가 뭐?"

"토론에서 르미가 말했던 거 있잖아. 일을 선택할 수 있는 자유? 그 말 나도 100퍼센트 공감. 나는 자기 일은 자기가 선택할 수 있어야 한다고 생각하거든. 돈 때문에 하기 싫은 일을 억지로 하는 게 아니라. 기본소득제가 그런 상황을 완벽하게 만들 수는 없겠지만 어느 정도 도움은 되지 않을까 싶다."

"지유 넌 어때? 토론은 그렇다 치고 실제 생각 말이야."

르미의 질문에 지유는 난감한 표정을 지었다.

"난 잘 모르겠어. 어떻게 생각하면 맞는 것 같기도 하고, 또 어떻게 보면 틀린 것 같기도 하고. 열심히 일한 사람이 보상을 받는 건 당연한 건데, 기본소득제가 그걸 뭐랄까…… 흔든다는 느낌? 공정하지 않은 느낌이랄까? 근데 지금 이대로가 공정한 건가 하면 그것도 잘 모르겠어."

"지금 이대로가 공정? 그건 무슨 말이야?"

"공부로 예를 들어 볼게. 실력은 있는데 공부할 수 있는 여건이 안 돼서 못 하는 아이들도 분명히 있을 거 아냐. 우리 집이 넉넉하진 않지만 그래도 다른 걸 신경 쓰지 않고 공부할 수 있는 여건 정도는 되거든. 그럼 출발선이 다르잖아. 그게 공정한 걸까? 기본소득제가 도입되면 그런 아이들이 적어도 용돈 걱정은 안 하고 공부할 수 있지 않을까 하는 생각이 들어. 그래서 한쪽 편을 못 들겠네."

비록 토론에서는 쓰지 못했지만 재우가 수집한 자료 중에는 정말 안타까운 사건이 있었다. 송파 세 모녀 사건. 한 어머니가 두 자녀와 함께 연탄가스에 질식해 사망한 사건인데, 사건 발생 당시에는 굉장한 화제였다고 한다. 큰딸은 병을 앓고 있어서 일을 하지 못했고, 60대인 어머니는 식당에서 일했으며, 작은딸은 아르바이트로 겨우 생계를 유지하고 있었다. 그런데 어머니가 몸을 다쳐 일을 하지 못하자 결국 생활고를 이기지 못하고 자살한 사건이었다.

"열심히 일하면 그만큼 보상을 받는다는 말, 그 말이 맞는 걸까?"

세 모녀는 과연 열심히 일하지 않았을까? 재우는 그들에게 왜 더 노력해서 제대로 된 일자리를 구하지 못했냐고 하는 것이 과연 옳은 것인지 생각했다. 마음 한편에 아직 풀리지 못한 무언가가 묵직하게 들어앉은 것 같았다. 모두 비슷한 마음이었는지 아무도 입을 열지 못했다.

신비 선생님의 보충수업

이번 토론은 어땠나요? 매달 두 번씩 동아리 모임을 하다 보니 친구들이 이제 토론에 꽤 익숙해진 것 같네요. 네 친구가 토론하는 걸 보고 있노라면 아주 흐뭇해요. 특히 이번 토론에서는 친구들이 자료를 찾아가는 과정을 눈여겨보면 좋겠어요. 필요한 자료에 접근하는 방식을 잘 기억해 두세요. 이쯤에서 여러분도 토론의 매력을 느끼고 있지 않을까 생각하는데요. 이번 보충수업까지 마치고 나면 아마 토론하리 친구들 못지않은 토론 실력자가 될 거라고 믿습니다.

○ 묻고 답하고

〔질문 하나〕

토론에서 양측은 특정 논제를 사이에 두고 치열하게 공방을 벌입니다. 사전에 약속되어 있는 이야기를 나누는 것이 아니라 상대의 의견을 추측해서 반박을 준비해야 하고, 내 의견을 반박하는 상대의 논거를 미리 예상해서 그에 대한 재반박도 준비해야 하죠. 조금 전 토론 중에 재우와 르미는 처음에 세웠던 작전을 변경했는데요. 토론 과정을 다시 살펴보고, 왜 작전을 변경할 수밖에 없었는지 말해 봅시다.

〔질문 둘〕

토론에 앞서 신비 선생님이 기본소득의 정의를 말해 주었습니다. 여러분이 어떻게 이해했는지 이야기해 볼까요?

〔과제〕

다음은 기본소득과 유사하지만 조금은 다른 '기본자산'에 관한 정책입니다. '기초자본'이라고 부르는 경우도 있지만 편의상 기본자산이라고 할게요. 여러분은 기본소득과 기본자산 둘 중 하나를 선택한다면 어떤 걸 고르겠어요? 그 이유는 무엇인가요? 친구들과 함께 토론해 봅시다.

기본자산제

정부가 신생아에게 일정 금액을 지급하고 특정 이율을 적용한 뒤 성인이 되면 인출할 수 있게 하는 제도를 말한다. 예를 들어, 정부는 모든 신생아에게 2000만 원을 한 번에 지급한다. 단, 이 돈은 아이가 스무 살이 될 때까지 인출할 수 없다. 그러면 20년 뒤 2000만 원은 이자 2000만 원이 합산된 4000만 원이 된다. 스무 살이 된 청년은 이 돈을 기본자산으로 삼아 미래를 계획할 수 있다.

기본자산제를 주장하는 사람들은 전 국민에게 지급하는 기본소득에 비해 신생아에게만 지급하는 기본자산제가 예산 부담이 적으며, 4000만 원이라는 큰돈을 한 번에 줌으로써 청년들이 사회 진출을 돕는 데 더 큰 역할을 할 수 있을 것이라고 주장한다.

○ **읽어 보세요**

기본소득에 대한 사회적 관심이 높아지고 있습니다. 그에 따라 찬반 논란도 뜨겁죠. 오늘은 기본소득에 대한 책을 소개하겠습니다. 이 책들을 읽고 나면 뉴스를 보는 게 재미있어질 겁니다.

『기본소득 쫌 아는 10대』(오준호 지음, 풀빛, 2019)
토론을 통해서 기본소득에 대해 어느 정도 상식이 쌓인 지금 이 책을 읽으면 기본소득에 대한 판단 기준을 세우는 데 도움을 받을 수 있을 거예요. 토론에서 언급되었던 기본소득제가 시행되어야 하는 이유나 현실성 있는 재원 마련 방안을 명쾌하게 풀어 줍니다.

『열심히 일하지 않아도 괜찮아!』(김만권 지음, 여문책, 2018)
최근 기본소득제가 이슈가 되고 있긴 하지만, 새로운 분배정책이 기본소득만 있는 건 아닙니다. 엄청난 재원이 필요한 기본소득제가 현실성이 떨어진다며 기본자산(기초자본)을 주장하는 전문가도 있습니다. 앞서 선생님이 과제로 살짝 제시해 준 기본자산에 대해 만약 관심이 생겼다면 읽어 볼 만한 책입니다. 책 절반은 기본소득, 나머지는 기본자산에 대해 언급하며 둘을 상세히 비교하고 있습니다.

오늘은 여기까집니다. 여러분은 기본소득을 어떻게 생각하는지 궁금하네요. 그럼 다음 시간에 봅시다!

4장

그대로 괜찮다
vs
바꿔야 한다

#토론 연극 #토론 연극이 처음인 성지유
#나는 이런 상황을 납득할 수 없다

토론 연극은 누군가 결론을 내 주지 않습니다.
논제와 관련된 연극을 통해서 관객이 자연스럽게
여러 생각을 해 볼 수 있는 계기를 마련해 준다면 충분하죠.

멘토

똑똑. 국어실 문을 열고 들어가자 신비 선생님이 아이들을 반겼다.

"어서 와요. 점심은 맛있게 먹었나요? 마침 차를 우리고 있었는데 같이 마셔요."

은은하게 퍼지는 꽃향기가 공간을 메웠다. 선생님이 꽃잎을 떼어 찻잔 안으로 몇 잎씩 떨어뜨렸다.

"매화차예요. 국어 시간에 이육사의 「광야」를 배웠죠? '지금 눈 내리고 여기 매화 향기 홀로 아득하니.' 지금 여러분이 맡고 있는 향기의 주인공이 그 매화랍니다. 소화를 돕고 머리도 맑게 해 주죠."

선생님을 따라 아이들은 차를 한 모금씩 마셨다. 향긋하고 상쾌한 맛이었다.

"르미에게 들었겠지만 오늘 여러분을 부른 건 축제 때문입니다.

거두절미하고 본론만 말하면, 우리 토론 동아리도 축제에 참여하면 어떨까 하는 생각 때문이에요."

"그렇지만 선생님, 우리 동아리가 축제에 참여할 만한 콘텐츠가 있을까요? 공연을 하기도 그렇고, 부스 운영하기도 좀 애매한데요."

지유 말마따나 토론 동아리에서 할 수 있는 콘텐츠는 제한적이었다. 지금까지 토론한 내용을 전시하고 부스를 운영할 수도 있겠지만, 그건 뭔가 작위적이라는 생각이 들었다. 학생들에게 제공할 체험 활동도 딱히 떠오르지 않았다. 축제 기간에 방문자들을 앉혀놓고 토론을 시킬 수도 없는 일이었으니까.

"어떤 걸 할지는 멘토와 함께 생각해 보도록 해요. 아주 든든한 멘토를 붙여 주겠습니다."

"멘토요? 선생님께서 도와주시는 거 아닌가요?"

선생님은 고개를 저었다.

"안타깝지만 나는 출장을 가야 해서요. 나보다 더 뛰어난 능력을 갖춘 멘토를 섭외해 뒀답니다. 이번 주 토요일에 시간 어때요?"

지유는 토요일 스케줄을 생각했다. 막 시험을 마친 터라 이번 주 토요일에는 아침 일찍 영어 학원에 다녀오고 나면 한가했다. 르미와 재우도 괜찮다고 했다.

"근데 그 멘토는 어떤 선생님인가요?"

재우가 물었다.

"여러분이 아는 사람이긴 하겠지만 선생님은 아니랍니다."

모호한 대답에 아이들의 궁금증이 증폭될 낌새가 보이자 선생님이 얼른 덧붙였다.

"멘토에게 르미의 연락처를 알려 줘도 되겠죠? 아마 그쪽에서 직접 연락해 올 겁니다. 여러분을 매우 궁금해하고 있거든요."

그때 선생님의 책상 위에서 드륵드륵 진동음이 울렸다. 핸드폰을 확인한 신비 선생님이 아이들에게 시선을 주었다.

"마침 멘토에게서 전화가 왔네요. 자, 그럼 토요일에 멘토를 만나는 것으로 하죠. 그럼 조심해서 가요."

신비 선생님이 이야기한 멘토가 송수현 선배라는 소식을 들었을 때만 해도 별 감흥이 없었다. 그런데 막상 만나기로 한 카페 앞에 다다르자 지유는 갑자기 가슴이 들뜨기 시작했다. 뉴스 앵커를 만나기 때문인지, 아니면 토론하리의 대선배를 만나기 때문인지 알 수 없었다.

카페 안 스터디룸의 문을 열자 먼저 와 있던 수현이 아이들을 향해 손을 흔들었다. 작은 얼굴에 선명하게 자리 잡은 이목구비, 모자로도 가려지지 않는 뽀얀 피부를 가진 미인이었다. 티셔츠에 청바지, 단출한 차림새에 안경까지 쓰고 있는 그녀에게서 털털하고 수수한 매력이 느껴졌다.

"안녕? 어서 와. 너희가 '뉴 토론하리' 멤버니?"

르미가 친구들을 소개했다.

"고마워, 르미야. 너희랑 이야기하니까 고등학생 때로 돌아간 것 같네."

"엄청 예뻐요, 선배님."

"그래? 나 그런 얘기 많이 들어."

수현이 머리카락을 뒤로 넘기는 시늉을 하며 장난스럽게 웃었다. 엄숙한 표정으로 뉴스를 진행할 때와는 완전히 다른 모습이었다.

"뉴스에서 보던 모습이랑은 조금, 아니 많이 다른 것 같아요."

지유의 말에 수현은 "어떤 면이?" 하고 물었다.

"뭐랄까, 뉴스 앵커라고 하면 좀 딱딱하고 점잖고 그럴 줄 알았는데……."

수현이 팔짱을 끼고 뾰루퉁한 표정을 지었다.

"그럼 내가 점잖지 않게 보인다는 거니?"

"아니, 그게 아니라……."

괜한 말을 했나 싶어 지유가 다급하게 말을 꺼내자 수현은 장난이라며 활짝 웃었다. 예전에 학교 신문에 실린 사진에서 봤던 미소 그대로였다.

"아마 뉴스 앵커라서 그런 이미지가 강할 거야. 뉴스를 전하는 건 개성보다는 객관적인 태도가 중요하니까 말이야. 흔히 아나테

이너라고 부르는 예능감 넘치는 아나운서도 뉴스 진행할 때는 모두 진중하잖아."

고개를 끄덕이며 경청하는 아이들을 보며 수현은 가볍게 웃었다.

"다들 열심히 듣고 있으니까 좀 부담스럽네. 자, 카페에 왔으니 뭔가 마셔야겠지?"

수현은 아이들이 먹을 음료를 직접 사 왔다. 유명인임에도 주위 시선에 그다지 신경을 쓰지 않는 것 같았다. 바깥에서 안을 볼 수 없도록 설치된 스터디룸을 예약한 것도 아이들이 편하게 이야기할 수 있도록 배려한 것일 뿐 자신을 위한 것은 아닌 듯했다.

"신비 선생님이 너희 자랑 엄청 하시던데? 오랜만에 토론하리를 재개하니까 기분 좋으신가 보더라고."

"저희 자랑이요? 신비 선생님이 저희 얘기를 하셨나요?"

수현이 전화할 때면 신비 선생님은 항상 토론하리 친구들 이야기를 빠뜨리지 않는다고 했다. 르미는 적극적이고 리더십이 있다, 재우는 섬세하면서도 과감하다, 태하는 활동적이고 재치가 있다, 지유는 문제를 꿰뚫는 폭넓은 시야를 가졌다며 꽤나 구체적으로 칭찬했다고 한다. 아이들은 괜스레 쑥스러워졌다.

"선생님이랑 자주 연락하세요?"

태하가 안경을 고쳐 쓰며 질문했다.

"어? 그거 신비 선생님이랑 똑같네?"

"네?"

"안경 이렇게 고쳐 쓰는 거 말이야."

수현은 검지와 엄지로 안경테를 잡고 살짝 뺐다가 다시 코 위로 올렸다. 그러자 태하는 붉어진 얼굴로 처음에는 재밌어서 따라 했는데 이제 버릇이 되어 버린 것 같다고 말했다.

"재밌다, 너희."

수현이 박수를 치며 좋아하자 태하의 얼굴이 조금 더 붉어졌다.

"아, 질문에 대답해야지? 자주는 아니지만 가끔 생각날 때 내가 연락을 드려. 선생님이랑 함께한 시간이 나한텐 참 귀중한 경험이었거든. 내 삶에 영향을 많이 끼친 분이지."

수현은 신비 선생님과 함께 토론하리에서 활동했던 학창 시절 이야기를 들려주었다. 자신감 없고 소심했던 자신이 뉴스를 진행하는 앵커가 될 수 있었던 것도 모두 신비 선생님과 토론하리 덕분이라고 했다. 아이들은 존경과 감사, 그리고 아련함과 그리움이 가득 묻어나는 수현의 이야기에 귀를 기울였다.

"자, 인사도 끝났으니 슬슬 본론으로 들어가 볼까?

TIP 토론을 하면 좋은 점

1. 자발적인 참여를 통해 적극적인 태도를 기를 수 있다.

2. 다양한 생각을 나누면서 서로 소통하는 방법을 알 수 있다.

3. 자신의 의견을 논리적으로 말하는 능력을 기를 수 있다.

4. 객관적으로 문제를 바라보고 본질을 파악하는 힘을 기를 수 있다.

5. 민주적인 절차를 통해 문제를 해결하는 방법을 배울 수 있다.

토론 연극

"저기 말이야. 내가 동아리에 있을 때 했던 건데, 토론 연극을 해 보는 건 어때?"

"연극이요?"

뜻밖의 단어에 아이들이 놀라 물었다.

"그냥 연극이 아니라 토론 연극. 어때, 재미있을 것 같지 않아?"

"하지만 저희는 연극을 해 본 적이 거의 없는데요."

지유는 난감해하며 말했다. 연극이라고는 유치원 재롱 잔치에서 〈크리스마스 선물〉을 공연해 본 것이 전부였다. 지유는 스크루지에게 기부하라고 했다가 구박을 받는 어린아이 역할이었고, 르미는 그 옆에서 스크루지를 비난하는 구경꾼1, 태하는 구경꾼2였다. 셋 다 조연도 아닌 엑스트라였으니 사실상 연극을 해 봤다고 하기에도 애매했다. 그런데 축제에서 연극이라니, 지유는 스크루지에게 무안을 당하는 아이처럼 암담한 심정이었다.

"솔직히 말씀드리면…… 자신이 없어요, 선배님."

"저는 연극 한 번도 안 해 봤는데요. 사투리도 쓰고요."

르미와 재우는 거의 울상이었다.

"토론 연극은 본격적인 연극이 아니야. 준비해야 할 것도 적고, 대본도 간단해. 연기력도 그다지 필요하지 않고. 상황만 잘 만들어 놓으면 관객이 알아서 완성시켜 주거든. 나도 연기라면 정말 손발이 오그라들어. 입사 초기에 출연한 예능 프로그램에서 콩트 연기하느라 얼마나 고생했는데. 그때 욕먹은 걸 생각하면……. 내가 지금도 인터넷 기사 댓글을 안 봐요."

수현이 이마를 붙잡고 고개를 절레절레 흔들며 장난스럽게 웃었다. 그러고는 옆에 앉은 르미와 지유의 손을 꼭 잡았다.

"그러니까 너희도 할 수 있을 거야."

따뜻한 응원 덕분인지 왠지 할 수 있을 것같이 힘이 났다. 하지만 여전히 토론 연극이라는 개념은 머릿속에 잘 정리되지 않았다. 연극이긴 한데 본격적인 연극은 아니고, 토론이긴 한데 연극이랑 접목되어 있는 형태는 지유가 상상할 수 있는 범위 밖에 있었다. 지유는 토론 연극이 무엇인지 구체적으로 들어 보고 싶었다.

"토론 연극 말이에요, 선배님은 어떻게 하셨는지 궁금해요."

"음, 정확하게는 기억이 안 나는데 주제가 '가정에서의 남녀 역할 차이'였을 거야. 무대에는 두 사람이 있어. 한 사람은 아내 역할, 다른 한 사람은 남편 역할이야. 남편은 소파에 앉아서 신문을 보고 있고, 아내는 설거지를 해. 그리고 아내가 설거지를 마치면 빨래를 널고 마지막으로 청소기를 밀지. 그리고 소파에 앉아 있는 남편 쪽으로 가서 청소기 헤드로 발을 툭툭 건드려. 그러면 남편이 이~렇게!"

수현이 의자를 뒤로 빼고 두 다리를 드는 모습을 보여 주었다.

"다리를 들었다가 다시 놓고 계속 신문을 보지. 그때 사회자가 등장해서 '잠깐!' 하고 장면을 멈추는 거야. 그러면 배우는 그 자리에서 정지해. 그러고 나서 사회자가 이렇게 말해. 이 장면, 괜찮은가요? 뭔가 이상하지 않나요?"

어느새 일어선 수현이 마치 무대 위에 오른 사회자처럼 말했다.

"그러면 관객들이 '아니요' 이러겠지? 그 대답을 들으면 사회자가 다시 이렇게 말하는 거야. 그럼 이 장면을 좀 바꿔 볼까요? 혹시 여기 나와서 직접 바꿔 보실 분 계세요?"

수현의 말이 끝나자 재우가 물었다.

"그러면 관객들이 손을 들고 나와요? 나 같으면 부담돼서 안 나갈 것 같은데."

수현은 두 팔을 교차해서 엑스를 만들었다.

"안 나와, 절대."

"그럼 어떡해요? 관객이 안 나오면 그냥 망하는 거 아닌가요?"

"그러니까 관객 중에 배우를 심어 둬야 해. 그게 가장 중요하지. 좀 지켜보다가 반응이 시큰둥하면 관객 배우가 손을 드는 거야. 그리고 사회자가 말해. 아, 저기 한 분이 손을 드셨네요. 여기 나오시겠어요? 다 같이 박수!"

아이들이 얼떨결에 박수를 치자 수현은 크게 웃었다. 재연만으로 모두를 몰입시킨 수현은 어쩌면 엄청난 이야기꾼일지도 몰랐다.

"관객 배우가 무대에 나와서 이렇게 말해. 남편 발을 청소기로 탁탁 치면 어떡합니까? 그러면 사회자가 직접 해 보라고 권하고, 관객 배우는 아내 역할을 맡아서 남편 발을 피해서 청소를 하지. 이때 사회자가 다시 등장해서 '어때요? 이건 마음에 드시나요?' 하는 거지. 어때, 너희는 마음에 들어?"

"아뇨."

지유가 고개를 젓자 수현이 물었다.

"그러면 어떻게 할까?"

"남편에게 말할 거예요. '왜 나만 집안일을 해야 해? 여기는 나 혼자 사는 곳이야? 당신은 왜 손 하나 까딱 안 해?' 하고요."

수현이 박수를 쳤다.

"우아, 우리가 대본 짠 거랑 진짜 비슷하다. 너희 잘하겠다 야. 지유처럼 말하면 남편이 막 화를 내겠지? 내가 놀아? 나도 힘들어. 종일 일하고 들어오면 집에서 쉬고 싶다고! 그러면 다시 사회자가 나와서 '잠깐! 이건 마음에 드시나요?'라고 관객에게 묻는 거야."

"그리고 나서 다시 관객을 불러오는 거군요."

"맞아. 이쯤 되면 관객 중에서도 손을 드는 사람이 생겨. 연극을 시작하기 전에 참여하는 사람에게 상품을 준다고 해 놓으면 참여가 훨씬 쉬워지지. 우린 문화상품권을 상품으로 걸었는데, 나중엔 누굴 시켜야 할지 몰라서 난감할 정도로 참여율이 높았지. 세 가지 상황을 준비했었는데 하나밖에 못 할 정도로 말이야. 그래도 재미있는 친구가 많이 나와서 반응이 엄청 좋았어."

지유는 노트를 꺼내 수현의 조언을 적었다.

1. 관객을 위한 상품을 준비할 것

2. 관객 배우를 심어 놓을 것

3. 상황을 세 가지 준비할 것

르미도 뭔가를 열심히 적자 수현이 손바닥으로 두 볼을 감쌌다.

"역시 듣던 대로 적극적이구나. 필기도 다 하고. 내가 선생님이 된 것 같아서 쑥스럽네."

"그런데 마무리는 어떻게 해야 하나요? 사회자가 결론을 내려 주는 건가요?"

르미의 물음에 수현이 고개를 저으며 말했다.

"토론 연극은 누군가가 결론을 내는 게 아니야. 일반적인 토론도 마찬가지잖아. 승과 패가 있긴 하지만 그건 어디까지나 찬성 측과 반대 측의 토론 과정에 대한 평가지, 의견에 대한 판단은 아니거든. 그저 관객에게 생각할 거리를 던져 주는 것이 궁극적인 목적이야. 마지막 지원자의 연기가 끝나면 사회자가 나와서 '여러분의 생각을 잘 들었다, 지금까지 여러 의견이 나왔는데 어땠냐, 오늘은 이러이러한 논제로 연극을 해 보았다, 오늘 이 연극을 통해 여러 생각을 해 볼 수 있는 계기가 되었으면 한다' 정도만 정리해 줘도 돼."

관객에게 생각할 거리를 던져 준다니, 멋진 말이다. 섣불리 결론을 내는 것이 아니라 각자가 생각하고 판단할 수 있는 기회를 준다는 점이 지유의 마음을 사로잡았다.

"얘기 들어 보니 간단한 것 같아도 엄청 신경 쓸 게 많을 거 같은데, 어떻게 준비하셨어요? 진짜 대단하지 않냐?"

태하의 말에 맞다, 대단하다, 선배 진짜 똑똑하다 등의 반응이 나왔다.

"나 혼자 한 게 아냐. 신비 선생님이 엄청 도와주셨지. 너희를 도와달라고 부탁하셨으니까 이번엔 내가 선생님 몫을 하는 거야. 완벽하진 않겠지만"

"이미 큰 도움이 된걸요. 감사합니다."

수현은 아니라며 손사래를 쳤다.

"선배가 후배 돕는 건 당연하지. 게다가 선생님만큼 나도 참 기분 좋아. 우리 이후로 동아리가 해체되었으니까 내 입장에서는 난 생처음 생긴 토론하리 후배거든. 이런 날이 올 줄이야."

수현은 정말 감격한 것처럼 두 손을 모으다가 손목시계를 보고는 화들짝 놀라며 일어섰다.

"벌써 시간이 이렇게 됐네. 얘들아, 미안한데 나 먼저 일어나야겠다. 회사에 들어가 봐야 하거든. 급하게 처리해야 할 일이 있어서."

수현이 곤란한 표정을 지었다.

"너희랑 약속이 있어서 최대한 미뤘는데 이 정도가 한계네. 시간이 조금만 더 있었으면 너희 밥도 사 주고 그럴 텐데, 미안해."

수현은 도움이 필요하거나 궁금한 게 있으면 연락하라는 말을 마지막으로 하며 서둘러 자리를 떴다.

"순식간에 사라지는 게 신비 선생님이랑 닮았네."

재우의 말에 모두 크게 웃었다.

"자, 어때? 토론 연극 해 볼래? 난 하고 싶어."

르미가 아이들의 의견을 물었다.

"난 찬성! 선배가 저렇게까지 도와줬는데 거절할 수 없지. 하자!"

"나도 찬성이다."

"나도 찬성. 재밌을 것 같아."

만장일치 찬성으로 축제 때 토론 연극을 해 보기로 결정되었다.

며칠 뒤, 네 친구는 지혜의 정원에 모였다.

"다들 토론 연극 주제 생각해 왔어?"

지유의 질문에 재우가 먼저 입을 열었다.

"나는 부모님이랑 진로 때문에 갈등하는 상황을 생각해 봤다. 저번에 르미가 말했다 아이가? 유튜버 하고 싶은데 어머니가 반대하신다고. 뭐 그런 상황을 만들면 안 되겠나?"

"나도 그 생각 했는데!"

르미가 반색하며 재우와 손바닥을 마주 쳤다.

"내가 유튜버 한다고 하면 맨날 엄마가 공부하라고 하거든. 그러면 나도 엄마는 맨날 공부하라는 소리밖엔 못 하냐며 내 방에 들어가 버리고. 그러면 대화고 뭐고 거기서 끝이지. 이런 문제 상황을 연극으로 만들면 엄마 입장에서 어떻게 말해야 했다, 딸 입장에서는 어떻게 행동해야 했다, 이런 다양한 의견이 나올 것 같아."

지유와 태하도 괜찮은 아이디어 같다며 동의했다. 그렇게 첫 번째 상황이 정해졌다.

"그러면 주제는 '성적'으로 하는 게 좋을 것 같아. 아이들이 쉽게 공감할 수 있는 내용이니까."

"맞아. 그래야 관객이 연극에 참여하기도 쉬울 거야. 그럼 우리

성적이랑 관련된 상황을 더 만들어 보자."

"이거 한번 들어 봐 봐. 나는 야자를 안 하려고 해. 근데 선생님은 야자를 시키고 싶어. 이런 상황은 어떻노?"

재우가 말한 상황은 학생들이 흔히 겪을 수 있는 갈등이었다. 야간자율학습을 하는 학생이든 하지 않는 학생이든 조금씩 불만은 있을 테니까 관객으로부터 많은 공감을 얻을 수 있을 듯했다. 재우의 아이디어를 토대로 두 번째 상황을 구성하기로 결정했다.

"자, 이제 마지막. 지금까지 나온 것들로도 30분가량 공연 시간은 충분히 채울 수 있을 테지만 우리 예상을 빗나가는 상황을 대비해서 하나 더 준비하는 게 좋을 것 같아. 자 자, 의견 받습니다아~"

생각보다 이야기가 잘 풀리자 신이 난 르미의 목소리가 한 단계 높아졌다.

"지유 넌 의견 준비한 거 없냐? 네 성격에 아무것도 준비하지 않았을 리가 없는데 얘기를 안 한다?"

지유도 생각해 온 것이 있긴 했지만 르미나 재우의 의견처럼 모든 학생이 공감할 수 있는 상황은 아닌 것 같아 망설이고 있던 차였다. 하지만 태하에 이어 르미와 재우까지 합세해서 독촉하는 통에 조심스레 입을 열었다.

"어차피 의견을 내는 자리니까 말할게. 듣고 이상하면 내 의견은 무시해도 괜찮아."

아이들은 알겠다며 일단 말해 보라고 재촉했다.

"우리 학교가 나름대로 명문고로 소문이 나서 특목고에 가려던 애들이 많이 들어오잖아. 그래서 특목고에 가라고 하는 부모와 일반계 고등학교에 가려는 자녀가 갈등하는 상황을 생각해 봤어."

지유의 목소리가 점점 작아졌다. 앞에서 나왔던 두 의견과 달리 즉각적인 반응이 나오지 않아 자신감을 잃고 있었다.

"난 진짜 괜찮으니까 다른 의견을 내도 돼."

그러자 태하가 '끙' 하는 소리를 내더니 지유를 향해 씩 웃었다.

"성지유, 그거 네 얘기 아니냐?"

태하의 말은 반은 맞고 반은 틀렸다. 고등학교 문제로 갈등한 적이 있지만, 그건 어디까지나 지유의 내적 갈등이었다. 부모님은 단 한 번도 지유에게 특목고 진학을 권한 적이 없었으니까. 대신 지유가 귀에 못이 박히도록 들은 말은 '건강해야 무슨 일이든 한다'였다.

"내 얘기는 아니지만 그래도 우리 학교에 그런 고민을 했던 애들 많으니까."

"난 괜찮은 거 같은데? 내 친구 중에도 그런 애 꽤 있어."

꼬던 머리카락을 놓으며 르미가 말했다.

"우리 반에도 그런 애들 제법 있는 거 같던데?"

재우까지 맞장구를 치고 나섰다. 그렇게 지유의 의견을 바탕으로 세 번째 상황을 구상하는 것으로 결정되었다.

"자, 오늘 논의는 여기까지입니다. 이제 교실로 들어가도록 하죠."

"야, 신비 선생님 성대모사는 내 거라고!"

"아이, 뭐 어때? 신비 선생님은 공공재라고. 저작권 있냐?"

투닥거리는 태하와 르미를 보면서 재우와 지유는 고개를 절레절레 흔들었다.

토론 연극

토론 연극이란 관객이 연극에 참여해서 직접 배우가 되거나 극의 방향을 수정하기도 하는 형식의 연극을 말한다. 극중 배우는 관객의 참여를 돕기 위해 뛰쳐나오거나 모순을 지적하고 싶도록 행동하며, 그때 관객이 무대 위로 올라와 자신이 생각한 문제 해결 방법을 제시한다. 관객을 대화와 토론의 장으로 초대하여 연극이라는 가상현실 속에서 문제적, 갈등적 상황의 변화를 연습해 보는 것이다. 이와 같은 연습을 통해 다양한 지혜를 교환하고 참가자와 관객이 스스로 문제 해결 방법을 발견하도록 돕는다.

축제

"다음은 토론 동아리 '토론하리'에서 준비한 무대입니다."

사회자의 소개로 무대에 오른 르미의 손에 들린 마이크가 미세하게 흔들리는 걸 본 지유가 르미의 어깨에 손을 얹었다. 르미는 크게 숨을 들이쉬더니 '후~' 하고 내뱉은 다음 무대 중앙으로 성큼성큼 걸어 나갔다.

"여러분, 안녕하십니까? 저희는 토론하리입니다. 안내 팸플릿에서 보신 것과 같이 저희 동아리에서는 토론 연극을 준비했습니다. 다들 즐길 준비 되셨나요?"

르미가 관객 쪽으로 마이크를 돌렸다. 축제 분위기에 들뜬 학생들은 모두 "네!"라고 크게 화답했다.

"토론 연극이라는 말을 처음 듣는 분도 많을 텐데요. 아, 물론 저도 이 축제를 준비하기 전에 처음 들었습니다."

능청스러운 르미의 말에 관객 사이에서 웃음이 조금씩 터졌다.

"저희가 준비한 무대를 잘 지켜봐 주세요. 그러다가 갑자기 제가 나타날 겁니다. 제가 다시 이 무대에 나타난다는 건 뭔가 불편한 상황이 일어났다는 거예요. 그때 제가 여러분에게 '이 상황을 바꿔 주실 분을 구합니다'라고 하면 손을 들어 주세요. 여러분이 직접 상황을 바꿀 수 있습니다."

르미의 진행은 미리 준비했던 원고보다 훨씬 자연스럽고 부드러 웠다. 참여한 관객에게 상품으로 문화상품권을 준다는 말도 잊지 않았다.

"자, 그럼 첫 번째 상황입니다. 함께 지켜보시죠."

장막이 걷히자 눈부신 조명과 함께 관객의 환호가 쏟아졌다. 지 유는 떨리는 마음을 가다듬고 무대 위로 걸어 나갔다. 재우는 준비 되어 있는 소파 위에 앉아서 신문을 펼쳐 들고 있었고, 지유는 그 앞을 쭈뼛쭈뼛 서성였다.

"정신 사납구로 와 이리 왔다 갔다 해쌌노?"

재우의 사투리는 평소보다 훨씬 심했다. 애초에 보다 극적인 효 과를 위해서 평소보다 더 격한 사투리로 대본을 짰기 때문이다.

"아빠, 드릴 말씀이 있어요."

"뭔데? 해 봐라."

"저 유튜버 하고 싶어요."

"뭐라꼬? 니 뭐라 캤노? 유…… 뭐라꼬?"

확실히 재우는 무대 체질이었다. 재우의 사투리는 연습 때보다도 훨씬 더 자연스럽고 차졌다.

"하라는 공부는 안 하고 뭐라꼬? 니 이번 성적이 얼마나 떨어졌는지 알고는 그라나? 여보, 여보! 몽디 어딨노? 이거 다리 몽디를 뿌사 삐야지."

재우의 실감 나는 연기에 아이들이 자지러졌다.

"아빠! 저 유튜버 하고 싶어요. 그래서 돈 많이 벌어서 엄마 아빠 호강시켜 드릴게요."

"쓸데없는 소리 하지 말고 얼릉 가서 공부나 해라."

여기까지 진행되자 지유와 재우가 갑자기 동작을 멈췄다. 다음을 기다리고 있던 관객은 어리둥절했다. 그때 무대 뒤에서 르미가 천천히 걸어 나왔다.

"자, 여러분, 잘 보셨습니까?"

무대 중앙에 선 르미가 관객을 둘러보았다.

"이 상황 어떠세요? 마음에 드시나요?"

관객석에서는 '아니요'라는 반응이 나왔다.

"마음에 안 드신다고요? 그럼 여러분이 직접 이 상황을 바꿀 수 있습니다. 무대에 올라와서 직접 연기를 해 주시면 됩니다. 여기 아빠와 딸이 있습니다. 둘 중 한 사람이 되어 보는 거죠. 혹시 참여하실 분 있으면 손을 들어 주시겠어요?"

르미의 말이 그치기 무섭게 관객석은 썰렁해졌다.

"아무도 안 계신가요? 다시 말씀드리지만 참여하는 분께는 소정의 상품…… 아, 저기 한 분 계시네요."

참여 지원자는 물론 수현의 조언대로 관객석에 심어 놓은 배우, 태하였다. 하지만 그걸 알 리 없는 관객석에서는 '오~' 하는 환호성과 박수가 터졌다.

"우선 자기소개 부탁드립니다."

"1학년 4반 박태하입니다."

무대 위에 올라온 태하는 환호하는 친구들에게 손을 들어 화답하며 여유를 부렸다.

"박태하 학생, 반갑습니다."

"네, 저도 반갑습니다."

태하가 르미 쪽으로 몸을 틀었다.

"태하 학생이 생각할 때 여기에서 어떤 부분을 고쳐야 할까요?"

"저는 아버지가 잘못됐다고 생각합니다. 그런 식으로는 딸을 설득할 수 없어요."

"아, 그런가요? 그럼 어떻게 하면 될지 직접 보여 주시겠어요?"

태하가 소파 쪽으로 성큼성큼 걸어가자 재우가 슬쩍 자리를 비웠다.

"이제 새로운 상황이 펼쳐집니다. 레디, 액션!"

"우리 딸, 뭔가 아빠한테 할 말이 있나 보구나? 말해 보렴."

능청스러운 태하의 표정과 거기에 어울리는 가식적인 말투, 어색한 억양에 계획대로 관객들의 웃음이 터졌다.

"아빠, 저는 유튜버가 되고 싶어요."

"그래? 유튜버 좋지~ 근데 유튜버가 뭐니?"

유튜버를 모르는 것처럼 연기하는 태하의 모습에 관객석에는 다시 웃음이 흘렀다. 예정된 대본과는 다른 애드리브였으나 지유는 침착하게 대응했다.

"유튜브라는 게 있는데요. 그게 잘만 하면 엄청 많이 돈을 번대요. 공부 그까짓 것 무슨 소용이 있겠어요? 유튜브 하나 잘 만들면 우리 가족이 떵떵거리면서 살 수 있어요."

그러자 갑자기 태하가 진지하게 표정을 바꿨다.

"그래? 그럼 어떤 걸로 만들 건데? 생각한 건 있니?"

"네, 제가 게임하는 걸 영상으로 만들 생각이에요."

"어떤 게임을 할 건데?"

"아무거나요. 사람들이 좋아하는 걸로."

지유가 움직임을 멈추자 르미가 다시 등장했다.

"자, 여기까지 보셨습니다. 수고해 준 박태하 학생을 앞으로 모시겠습니다. 큰 박수 한번 부탁드릴게요."

쏟아지는 박수를 받으며 태하는 무대 중앙으로 나왔다.

"박태하 학생, 아빠의 어떤 면을 바꾼 건가요? 제가 보기에는 조금 부드러워진 것 같은데."

"네, 맞습니다. 처음에 아빠는 너무 강압적으로 말했어요. 딸의 이야기를 들어 볼 생각도 하지 않고 무조건 공부하라고 하더라고요. 말투도 폭력적이고."

"그렇군요. 딸의 꿈은 들어 볼 생각도 하지 않고 무조건 공부를 강요하는 아빠의 태도를 지적해 주셨습니다. 여러분도 공부만 강요하는 부모님 때문에 속상한 적 있으시죠?"

관객석에서 '네' '맞아요' 같은 말이 튀어나왔다.

"네, 지금까지 박태하 학생이었습니다. 다시 한번 여러분의 뜨거운 박수가 필요합니다~"

조금 전까지 무대 뒤에서 떨고 있던 아이가 맞나 싶을 만큼 르미는 관객과 호흡하며 무대를 잘 이끌었다. 연극이 진행될수록 손을 들고 무대 위로 올라오는 사람이 하나둘 늘어났다. 참여자를 주인공으로 만들어 주는 르미의 여유 있는 진행 덕분이었다. 물론 짧은 연기와 간략한 인터뷰를 하는 것만으로 문화상품권을 받을 수 있다는 걸 보여 준 태하의 영향도 있었다. 참여 학생 중에는 딸의 태도에 문제가 있다며 구체적으로 어떤 유튜브 콘텐츠를 만들 것인지에 대해 자세하게 말하기도 했고, 어떤 학생은 아빠와 유튜브를 시청하면서 아빠와 힘을 합쳐 콘텐츠를 개발하는 쪽으로 대화를 이끌기도 했다. 개중에는 어설픈 개그로 극을 이상한 방향으로 끌고 가려고 하는 학생도 있었는데, 관객의 냉정한 반응에 무안해하면서 무대를 내려갔다. 그 이후로는 모든 참여자가 진지하게 나름의 의견을 보여 주었다.

두 번째 상황은 생각보다 재미있게 흘러갔다. 야간자율학습 참여 여부를 놓고 선생님과 학생 간의 갈등을 다루다 보니 학생들의 선생님 성대모사 퍼레이드가 펼쳐졌기 때문이다. 관객석 뒤쪽에서 선생님들도 자신을 흉내 내는 학생들의 모습을 보면서 매우 즐거워했다. 특히 장병선 선생님의 외모를 쏙 빼닮아 무대 위로 올라올 때부터 주위를 웃음바다로 만든 신유원의 무대가 압권이었다. 생김새뿐만 아니라 목소리나 말투마저 장병선 선생님과 비슷해서 대사 한 마디를 할 때마다 웃음이 터졌다. 특히 선생님 유행어인 '정신이 가출했냐?'가 나올 때는 반응이 폭발적이었다. 르미가 즉흥적으로 장병선 선생님을 무대 위로 모신 것도 신의 한 수였다. '내가 진짜 저렇냐?'라는 선생님의 물음에 학생들은 너도나도 긍정했다. 그러자 선생님은 '신유원을 양자로 삼겠다'는 농담 섞인 말로 무대를 뒤집어 놓으셨다.

축제 공연의 전체 사회를 맡은 학생회장이 자신의 손목을 가리키며 르미에게 신호를 보냈다. 시간이 얼마 남지 않았다는 뜻이었다. 르미가 고개를 끄덕였다.

"자, 여러분, 어떠셨나요? 사실 저희가 준비한 게 아직 더 있긴 한데, 시간 관계상 여기서 마무리해야 할 것 같습니다. 나머지는 내년 축제에서 또 보여 드릴게요. 그때도 오늘같이 적극적으로 참여해 주실 거죠?"

아쉬워하는 관객의 모습을 보니 토론 연극은 성공적인 것 같았다. 르미가 손짓하자 지유와 재우, 태하까지 토론하리의 모든 멤버가 무대 중앙에 나란히 섰다.

"저희가 준비한 토론 연극은 여기까지입니다. 지금까지 하리고등학교의 토론 동아리, 토론하리였습니다. 감사합니다."

쏟아지는 박수 속에서 그들은 서로를 번갈아 바라보았다. 머리 끝에서부터 찌릿한 느낌이 몸을 타고 내려왔다.

신비 선생님의 보충수업

토론하리가 준비한 토론 연극 어땠나요? 르미의 진행도, 태하의 연기도 모두 훌륭했습니다. 장병선 선생님을 흉내 내던 친구 덕분에 저도 한참 웃었답니다.

자, 이제 보충수업을 시작해 볼까요?

○ 묻고 답하고

(질문 하나)

토론 연극은 연극에 토론을 결합해 새로운 방식으로 만들어진 토론이죠. 이처럼 요즘에는 전통적 방식의 토론에서 벗어나 다양한 콘텐츠의 결합이 시도되고 있답니다. 만약 여러분이 새로운 토론을 만들어야 하는 토론 설계자라면 어떤 토론을 만들어 보고 싶나요? 이것저것 결합해 보면 누구도 본 적 없는 창의적인 토론 방식이 나올 거라고 기대합니다.

(질문 둘)

여러분이 토론하리의 토론 연극에 관객으로 참여했다고 상상해 봅시다. 진행자가 무대 위에 서서 참여자로 여러분을 지목하고 있습니다. 이제 여러분은 유튜버가 되고 싶어 하는 딸의 역할을 해야 합니다. 어떻게 말할 건가요?

[과제]

만약 여러분이 토론 연극을 준비해야 한다면 어떤 상황을 만들어 보고 싶나요? 여러분의 의견으로 내년 축제 무대를 만들 수도 있으니 신중하게 생각해 보세요.

○ 읽어 보세요

연극은 전문 배우들이 무대 위에서 연기하는 공연 예술이지만 생각을 바꾸어 교육 현장으로 들여오려는 시도가 있습니다. 토론 연극도 그 일부랍니다. 연극으로 어떻게 수업을 하는지 궁금한 여러분을 위해 책을 소개합니다.

『수업 중에 연극하자』 (구민정·권재원 지음, 다른, 2014)

연극을 수업에 적용한 사례를 소개한 책입니다. 독서와 연계한 연극은 물론이고 연극으로 정치나 경제, 수학을 배우기도 하죠. 연극으로 수업을 한다는 신선한 발상에 흥미가 느껴지기는 하지만 어떤 모습일지 감이 잡히지 않는다고요? 이 책을 읽으면 눈앞에서 연극 수업이 펼쳐지는 장면이 상상될 겁니다.

『교육연극, 프로젝트 수업을 만나다』 (권경희·노미향 지음, 행복한미래, 2019)

앞선 질문에서 연극과 어울릴 만한 콘텐츠가 뭐가 있을지 생각해 보자고 했었는데, 생각해 봤나요? 잘 모르겠다면 이 책을 읽어 보는 것이 어떨까요? 문학, 음악, 역사 등이 연극과 어떻게 만나는지 친절하게 알려 줍니다.

자, 그럼 오늘 보충수업은 여기까지입니다. 다음 시간에 봅시다.

5장

여성할당제 실시하자
vs
모두에게 공정하자

#세다(CEDA) 토론 #토론대회에 나간 동아리 '토론하리'
#신입 사원 채용 시 여성할당제를 시행해야 한다

스스로 질문을 던져 보세요.
이 주장, 납득할 수 있어?
자신을 납득시킬 수 없는 주장이라면
다른 사람도 설득할 수 없습니다.

예선

"뭐 봐?"

르미는 교무실 앞 게시판을 뚫어져라 바라보고 있는 지유를 발견했다. 지유는 대답 대신 손가락으로 게시판 위쪽을 가리켰다.

"뭐야, 수학경시대회 1등 했네? 축하한다, 성지유."

지유는 고개를 흔들며 그 왼쪽에 붙어 있는 걸 보라고 했다. 교내 토론대회를 개최한다는 안내 포스터였다.

"뭐야? 이거 보고 있었어?"

"접수 마감 2주 남았어."

르미는 안내 포스터를 유심히 보았다. 예선과 본선에서 다룰 논제와 방법이 적혀 있었다. 제출한 토론문을 토대로 예선을 치르고 통과한 여덟 팀을 대상으로 토론 토너먼트를 진행하는 방식이었다.

"어때?"

지유가 물었다. 덤덤한 말투였지만 참여하고 싶어 하는 게 보였다. 그렇지 않고서야 경시대회 결과보다 더 유심히 보고 있었을 리 없으니까. 참여하지 않을 이유는 없었지만 마음에 걸리는 게 있었다. 한 팀당 정원이 2명이라는 것. 그것은 토론하리가 한 팀으로 출전하지 못한다는 의미였다.

멀리서 나란히 태하와 재우가 걸어왔다. 르미가 둘을 향해 크게 손을 휘젓자 재우가 태하를 툭툭 치며 손가락으로 르미를 가리켰다. 태하는 초점 없는 눈으로 멍하니 걷다가 그제야 르미와 지유를 발견했다. 태하의 손에 들린 빨대 꽂힌 커피가 어제도 거의 밤을 새웠음을 알려 주었다.

"무슨 일인데 사람을 오라 가라야?"

태하가 장난스럽게 소리를 쳤지만 르미는 별다른 반응 없이 게시판을 가리켰다.

"뭐? 지유 수학경시대회 1등한 거? 그게 놀랄 일이냐?"

어쩜 그렇게 르미랑 똑같은 반응이냐며 지유가 웃었다. 영문을 모르는 태하가 그게 무슨 말이냐고 물었지만 지유는 대답 대신 교내 토론대회에 대해 말했다. 재우와 태하가 게시판에 붙어 있는 안내 포스터를 가까이 보기 위해 게시판 앞쪽으로 다가갔다.

"여기 나가자고? 팀당 2명이네."

"응, 의논이 필요할 것 같아서 너희 찾아가려고 했는데 마침 보이기에 부른 거야."

"의논? 무슨 의논?"

"팀당 2명이잖아. 우린 4명이고."

재우가 의아한 표정을 지었다.

"그라믄 너거 둘이서 나가면 된다 아이가."

"그럼 너희는?"

"우리는 우리끼리 나가고."

재우가 태하에게 시선을 돌렸다. 그러자 태하가 눈을 동그랗게 뜨고 손가락으로 자신과 재우를 번갈아 가리키며 '우리 둘?'이라고 말했다.

"그래, 지유랑 르미가 한 팀, 내랑 니랑 한 팀."

"야, 내 의견은 안 묻는 거냐?"

"아, 미안. 니 내랑 할 거제? 그래, 잘 생각했다. 태하 한단다, 르미야."

태하는 뭔가 더 할 말이 있는 얼굴이었지만 재우는 들을 생각이 없는 듯했다. 재우가 얼른 태하의 팔을 낚아채듯 잡고 결승에서 보자는 말을 남긴 채 유유히 자리를 떴다. 어느 정도 르미와 지유에게서 멀어지자 재우가 태하의 팔을 놓으며 나지막이 말했다.

"쟈들 진짜 하고 싶은가 보드라. 멀리서부터 봤는데 게시판에서 눈을 못 떼더라고."

"넌 눈도 좋다. 그걸 어떻게 봤냐?"

"교정시력 1.5 아이가. 오른쪽, 왼쪽 다."

재우가 웃었다. 태하는 다 마신 커피 캔을 쓰레기통에 버렸다.

"참가할 수 있제?"

"네가 도와주면."

태하가 기지개를 피며 말했다.

"기왕 이레 된 거 결승까지 한번 가 보까?"

"결승까지? 무슨 소리야, 어떤 대회든 일단 참가하면 목표는 우승이어야 한다고!"

태하와 재우는 웃으며 서로의 주먹을 맞댔다.

예선 논제는 '기본소득제를 도입해야 한다'였다. 토론하리에서 이미 다뤘던 논제였기에 당시 썼던 입론 원고에 반론에서 나왔던 여러 논거를 참고해 적절하게 수정하는 것만으로 토론문은 어렵지 않게 완성할 수 있었다. 낯익은 논제에서 오는 자신감 때문인지 아이들은 예선 통과 발표가 되기도 전에 8강에서 만나면 어떡하냐며 호들갑을 떨었고, 그때마다 지유는 끝까지 지켜봐야 한다며 아이들을 진정시켰다.

다행히도 두 팀 모두 예선을 무난하게 통과했고, 이제 일주일 후에 열리는 8강 토너먼트를 준비해야 했다. 대진표는 대회 당일 추첨할 예정이었다. 태하는 결승에서 만날 수 있는 대진표를 뽑으려면 지금부터 예행연습을 해야 한다며 추첨 용지를 직접 만들어 왔다. 르미는 8강이나 4강에서 맞붙는 결과가 나올 때면 괜히 아쉬워서 서로 완전히 갈리는 대진이 나올 때까지 반복해서 가상 추첨을 했다.

대회 규칙에 따르면 8강은 빈 교실에서 3명의 배심원 선생님이 승부를 판결하는 방식으로 진행되고, 4강은 결승 전날 7교시에 각각 1학년, 2학년이 관중으로 모여 있는 소강당에서 열린다. 그리고 대망의 결승. 이때는 수능시험을 끝낸 3학년 선배까지 포함한 전교생이 모인 대강당에서 진행된다.

그동안 토론하리를 통해 다양한 토론을 경험해 보았지만 관중 앞에서 하는 건 처음이었다. 물론 축제 때 무대 위에서 토론 연극을 하긴 했지만 그나마도 정식 토론은 아니었기에 아이들은 내심 긴장하고 있었다.

"아마 부담이 클 겁니다. 사람들 앞에서 토론을 해 본 적도 없을 뿐만 아니라 승패가 나뉘는 것도 처음이니까요."

신비 선생님이 아이들의 눈을 보며 말했다.

"여러분이 알다시피 나는 토론 이후 승패 나누는 방식을 좋아하지 않습니다. 여러 이유가 있지만 배심원을 정해 승패를 나누는 건 매우 인위적이라는 생각이 들기 때문입니다. 일상에서 일어나는 토론에서는 심판이 엄밀하게 승패를 나누지도 않고, 패배한 의견은 완전히 무시하고 승리한 의견만 따르는 일도 일어나지 않는답니다. 오히려 토론을 통해 의견을 나누고 협의하고 양보하는 방식으로 나아가죠. 토론은 문제를 해결해 나가는 과정의 일부이지 문제를 해결하는 절대적 방법은 아니기 때문입니다. 승패를 강조하다 보면 자칫 다른 의견을 가진 친구들과의 관계에 문제가 생길 수 있어 염려스럽기도 하고요. 여러분도 친한 친구를 토론에서 상대로 만나지 않기를 바라지 않나요?"

아이들은 격하게 고개를 끄덕이며 동의했다.

"하지만 토론대회는 불가피하게 승패를 가려야 해요. 그렇지만 이건 어디까지나 학생들이 토론에 좀 더 흥미 있게 다가갈 수 있도록 하는 일종의 교육적 수단일 뿐이죠. 그러니까 여러분도 승패에 너무 집착하지 않았으면 해요. '이번 대회에서 꼭 상을 타야지'라고 생각하지 말고 '이번 기회로 더 성장하게 될 거야'라고 생각했으면 합니다. 좋은 결과를 내려고 하기보다는 좋은 토론을 하기 위해서 노력하는 게 더 좋은 방향으로 가는 거예요."

르미는 이번 토론에서 자신이 꼭 성과를 내야 한다는 부담을 가졌던 건 아닌지 생각해 보았다. 지유와 함께라면 우승까지도 노려볼 수 있지 않을까 하는 기대가 어느새 꼭 좋은 결과를 내야 한다는 압박감으로 변질되어 준비하는 내내 어깨에 힘이 들어갔던 것이 사실이었다. 좋은 결과보다는 좋은 토론. 르미는 신비 선생님의 말을 다시 한번 되새기며 마음을 다스렸다. 방황하던 마음이 비로소 제자리로 돌아온 것 같은 느낌이 들었다.

"물론 대회라는 형식을 통해 토론을 사람들에게 보여 주는 것은 매우 긍정적으로 생각해요. 토론 참가자의 대립되는 의견을 들어 보고 대중이 나름의 판단을 할 수 있게끔 돕는 게 민주주의에서 토론의 역할이거든요. 토론대회의 교육적 가치는 여기에 있다고 봐요. 그래서 이번 토론대회에서 사회를 맡기로 했답니다. 매우 영광스러운 자리죠."

선생님이 오른손을 왼쪽 가슴에 얹고 진지한 표정을 짓다가 이내 능청스러운 얼굴로 살며시 웃었다. 이미 신비 선생님 특유의 개그에 익숙해진 아이들이 그 모습을 보고 따라 웃었다.

"20년 가까이 토론을 지도해 온 경험에 비추어 볼 때, 여러분의 토론 실력은 어디에 내놔도 부끄럽지 않을 만큼 훌륭합니다. 그러니까 지금 여러분의 실력만으로도 충분히 좋은 결과가 있을 거예요. 부담 갖지 말고 편안히 오세요. 자, 그럼 오늘도 신나게 토론해 봅시다."

토론 시작을 알리는 종이 울렸다. 르미는 마음속에 남아 있는 부담감을 밖으로 밀어내듯 숨을 크게 뱉었다. 환기를 위해 살짝 열어 놓은 창문 틈으로 바람이 들어왔다. 바깥에서 들어온 신선한 공기 덕분인지 아니면 설렘 때문인지 기분이 들떴다.

"아자!"

한창 토론대회 예선전이 치러지는 교실에서 태하가 소리쳤다. 이어 손바닥을 마주 치는 소리도 들렸다. 잠시 후 문을 열고 걸어 나온 태하와 재우는 누가 봐도 승리한 자의 표정이었다.

"결과는 안 물어봐도 되겠네."

르미의 말에 두 사람이 손가락으로 브이 자를 그리며 다가왔다.

"어땠어?"

지유가 물었다.

"생각보다 입이 잘 풀렸다. 처음에는 좀 떨었지만."

재우가 잔뜩 상기된 얼굴로 말했다. 아직 흥분이 가라앉지 않았는지 목소리가 약간 떨렸다.

"태하는 배심원 쌤들한테 엄청 칭찬받고, 뭐 난리 났다. 쟈 표정 함 봐라. 가관이제?"

재우의 말대로 태하는 고개를 사선으로 치켜들고 팔짱을 낀 채 거만하게 폼을 잡고 있었다.

"2학년도 별거 아니더라고. 질문 몇 개 했더니 대답을 못 해요, 대답을."

"야, 너 좀 재수 없다."

르미가 정색하며 말하자 태하가 피식 웃으며 자세를 풀었다.

"일단 한 고비는 넘겼는데, 4강이 문제네. 우승 후보라며?"

재우가 고개를 끄덕였다.

"작년 대회 준우승 팀이라네. 1학년이 결승까지 올라오는 일이 그 전에는 없었단다. 그 선배들이 처음이었다대. 작년 우승 팀은 3학년이라서 못 나오니까 자연스럽게 '너비아니'가 우승 후보 아니겠나? 너거 피하는 거만 신경 썼지, 우승 후보를 만날 줄은 생각도 못 했다. 하긴 우리 빼고는 다 2학년이니까 누군들 만만하겠냐마는."

며칠 전 대진 추첨까지만 해도 분위기는 최고였다. 소원대로 토론하리끼리의 팀 대결은 결승에서나 할 수 있을 만큼 멀게 배치하는 데 성공했기 때문이다. 덕분에 태하는 자칭 신의 손이라며 한껏 우쭐했다. 그때는 자신들이 4강에서 만날 상대인 너비아니 팀이 강력한 우승 후보라는 사실은 전혀 알지 못했다.

재우와 태하의 팀 이름은 '슈퍼겜보이'였다. 르미와 지유가 유치하다고 했지만 자기네들은 이보다 더 잘 지을 순 없다며 만족스러워했다. 르미와 지유의 팀 이름도 태하가 지었다. 어떤 이름으로 해야 할까 고민하고 있을 때, 태하가 지나가는 말로 구르미랑 성지유니까 '구름이지유'라고 하라고 했다. 르미는 입에 착착 달라붙는 이름이 마음에 쏙 들었다.

"그나저나 너희는 어땠냐? 찬성이었어, 반대였어?"

태하가 물었다.

"찬성. 처음엔 찬성 뽑았다고 좋아했거든? 상대적으로 준비한 게 많았으니까. 근데 만만치 않더라고."

르미의 뒤를 이어 지유도 말을 보탰다.

"어려웠어. 2학년 선배는 역시 다르더라. 정치 과목을 배워서 그런가? 아무튼 겨우 이긴 느낌?"

르미는 토론 과정을 떠올렸다. 8강 논제는 '교육감 선거에서 청소년에게도 투표권을 부여해야 한다'였다. 찬성 입장에서 르미는 먼저 청소년도 사회문제에 관심을 가지고 참여할 의무가 있다고 주장했고, 반대 측에서는 교육적 사안을 명확하게 판단할 수 있는 능력이 없는 청소년에게 교육감 선거권을 주게 된다면 교육이 포퓰리즘으로 흐를 수 있다며 반박했다. 그러자 지유가 그런 논리라면 민주주의가 성립할 수 없다면서 청소년에게 교육적 사안을 판단하는 능력을 길러 주어야 하는 쪽으로 방향을 잡아야 한다고 답변했다. 지유의 순발력 있는 답변이 토론의 승패를 가르는 결정적인 역할을 했다.

"막상 해 보니까 찬성, 반대 추첨도 대진 운만큼 중요한 것 같아."

재우의 말대로 아이들은 그동안 '어떤 상대를 만나게 될까'에만 신경을 썼다. 하지만 찬성과 반대를 선택하는 입장 추첨에서 자신의 생각과 맞는 입장을 뽑게 되면 토론을 훨씬 편안하게 진행할 수 있었고, 승패에 큰 영향을 미칠 수 있다는 것을 알게 된 것이다.

"이제 다음 토론 준비해야겠네. 4강은 내일이고, 결승은 모레니까 바쁘게 움직여야 해. 즉흥 논제로 뭐가 나올까?"

사전에 논제가 주어지는 8강이나 결승과 달리 4강전은 즉흥적으로 논제가 주어지는 방식이었다. 대회 담당 선생님은 상대적으로 자료 조사가 덜 필요한 논제가 주어질 거라고 했지만, 논제의 난이도를 떠나 30분 전에 받은 논제로 토론을 구성하는 게 쉬워 보이지 않았다. 머리를 모아 어떤 논제가 나올지 이야기했지만 어디까지나 예상일 뿐이었다. 그래서 아이들은 4강전을 걱정할 수밖에 없었다.

"여기서 걱정해 봐야 뭐 달라질 게 있냐? 어차피 알 수도 없는 거, 할 수 있는 것들에 집중해야지. 결승전 준비나 하러 가자."

"오~ 웬일로 옳은 말을 다 하냐? 재우야, 너 긴장해야겠다. 박태하 각성했는데?"

르미가 팔꿈치로 태하의 팔을 툭 쳤다. 그러자 재우가 이러다 진짜 결승에서 만나겠다며 너스레를 떨었다.

"우리 결승전에서 '토론하리' 멤버끼리 한번 토론해 보자. 신비 선생님이 사회 보신다고 했으니까 늘 하던 거랑 똑같잖아?"

"지유 너까지 왜 이러는 거야? 왜 이렇게 다들 의욕에 차 있어요?"

손을 입에 대고 놀라는 척하는 르미의 모습을 보고 지유가 웃었다.

"오케이. 그럼 내가 4강 진출 기념으로 매점에서 쏜다! 가자!"

재우가 앞장서서 매점으로 향했고, 태하가 재빨리 따라붙었다.

르미와 지유도 질 수 없다며 발걸음을 서둘렀다.

청소년 투표권

2019년 12월 공직선거법 개정안이 통과되어 우리나라도 만 18세의 선거 참여가 가능해졌다. 그러나 우리나라보다 먼저 청소년의 선거권을 인정하고 있는 선진국에서는 이제 선거 연령을 만 16세까지 낮추자고 주장하고 있다.

2007년부터 16세부터 선거 참여를 허용한 오스트리아의 경우 16~17세의 투표율(64.2%)이 18~20세(56.3%)보다 높았다. 영국 스코틀랜드도 2014년 독립 찬반을 묻는 국민투표 연령을 18세에서 16세로 내렸고, 오스트리아와 비슷한 비율의 투표율을 보였다[16~17세(62.2%), 18~20세(56.3%)]. 전문가들은 청소년의 선거권 허용이 젊은 층의 투표율 상승에 영향을 줄 것이며 이는 젊은 층을 위한 공약이 나올 수 있도록 할 것이라는 긍정적인 전망을 내놓고 있다.

응원

안타깝게도 결승전에서 '토론하리' 멤버끼리 만나자던 지유의 제안은 즐거운 상상으로 끝나 버렸다. 슈퍼겜보이 팀이 우승 후보인 너비아니 팀의 파상 공세 앞에 무릎을 꿇었기 때문이다. '청소년 범죄의 처벌을 강화해야 한다'라는 논제에서 찬성 입장에 서게 된 태하와 재우는 처벌이 약할 경우 범죄가 되풀이되는 것을 막을 수는 없다고 주장했다. 이에 반대 측은 현재 우리나라에서 운영되고 있는 교화 시스템의 문제점을 지적했다. 이 논제가 나올 것을 예상이라도 한 것처럼 효과적인 청소년 교화 시스템이 잘 운영되고 있는 뉴질랜드의 사례까지 상세하게 제시했다. 논리적인 발언과 날카로운 질문 이외에도 부학생회장인 진다운의 적절한 쇼맨십과 신명철의 여유로운 태도가 배심원의 마음을 사로잡은 듯했다.

반대 입장에서 토론했던 구름이지유 팀은 결승 진출에 성공했다. '당장 배가 고픈 아이가 무서운 처벌이 있다고 빵을 훔치지 않겠습니까? 사회적 불만이 가득한 아이가 처벌이 무서워서 폭력을 멈출까요? 청소년 폭력에 대한 우리의 시선을 바꿔야 할 때입니다'라고 했던 지유의 마지막 발언이 관중에게 큰 울림을 주었고, 그 반응이 배심원의 판단에 결정적인 영향을 미쳤다.

결승 준비를 위해 르미와 지유가 도서관을 방문했다. 문을 열자 도서관에서만 맡을 수 있는 종이 냄새가 훅 끼쳤다. 창밖에 어둠이 깔리는 이 시간에는 보통 도서관 문이 닫혀 있지만, 특별히 사서 선생님에게 부탁해서 오늘 하루만 도서관 이용을 허락받았다.

"슈퍼젬보이들은 조금 있다가 온다고 했으니까 일단 우리끼리 얘기하자. 저기로 갈까?"

르미가 도서관 앞쪽을 가리켰다. 그곳에 비치된 큰 테이블은 책을 여러 권 펼쳐 두기에도 좋았고, 컴퓨터도 준비되어 있어 자료를 찾기에 적합했다. 르미와 지유는 테이블 앞 의자에 자리를 잡고 앉았다.

"결승전 논제는 여성할당제에 관한 거였지?"

"정확히는 '기업의 신입 사원 채용 시 여성할당제를 실시해야 한다'야."

"어렵네. 지유 넌 어떤 입장이야?"

"난 반대."

지유는 여성의 인권이나 남녀평등과 관련된 화제에 관심이 많았다. 르미는 평소 지유라면 이 논제에 대해 당연히 찬성할 거라고 생각하고 있었다. 그런데 반대라고 하니 그 이유가 궁금했다.

"나는 '여성할당제'라는 용어 자체를 납득하기 힘들어. 제목부터 '여성'이 들어가잖아. 일방적으로 여성을 배려한다는 의미가 있는 것처럼 들려. 그러니 그 용어를 듣는 남성 입장에서는 일단 반감이 들지 않겠어? '나도 똑같이 열심히 했는데 여성만 배려한다고? 이거 너무 일방적인 거 아니야? 이거 역차별이잖아?' 이런 생각이 들 수밖에 없다고 생각해."

르미로서는 전혀 생각해 보지 못했던 발상이었다. 그런데도 지유의 말에 저도 모르게 고개를 끄덕였다.

"난 단순하게 여성할당제가 정착되면 여성의 취업률이 지금보다는 좋아지지 않을까 생각했어."

"당장은 그럴 수 있다고 생각해. 하지만 남녀평등 사회를 만드는 근본적인 대책이 될 수는 없을 것 같아."

"짜잔! 슈퍼겜보이가 나타났다."

요란하게 등장한 태하와 재우가 테이블 위에 과자와 음료수가 묵직하게 담긴 비닐봉지를 툭 올려놨다.

"이거 내가 산 거다, 재우가 아니라. 이제 상금으로 뭐 해 달라고 하지 마라."

태하가 생색을 냈다.

"야, 이걸로는 턱도 없어. 어딜 어물쩍 넘어가려고!"

르미가 반발하자 지유도 거들었다.

"그냥 사 왔으면 고맙다는 얘길 들었을 텐데."

"미안하다. 쟈가 원래 좀 그렇다 아이가. 느그가 이해를 좀 해 도."

재우의 사과에 태하가 발끈하며 말했다.

"뭐가 미안하냐? 위로받아야 할 사람이 지원해 주러 왔으면 감사하다고 해도 모자랄 판에 이렇게 타박이나 하고, 이거 서러워서, 원."

르미가 손가락으로 의자를 가리켰다.

"됐고, 앉기나 해. 암튼 고맙다, 슈퍼겜보이 원."

"그럼 나는 슈퍼겜보이 투인 거가?"

재우의 말에 모두 크게 웃었다. 아이들은 과자를 꺼내 먹으며 자연스럽게 오늘 있었던 4강전에 대해 이야기를 나눴다. 내심 걱정했는데 재우와 태하의 표정이 생각보다 밝아서 르미는 조금 안심이 되었다.

"얘기는 잘되어 가나? 왜 떨어진 우리보다 표정이 더 안 좋노?"

"얘네들 엄청 긴장한 거 같은데? 야, 긴장하지 마. 1학년이 결승에 올라간 것도 대단한 거야."

"일단 참가하면 목표는 무조건 우승이라며?"

"르미 넌 꼭 찬물 끼얹더라. 그런 말은 상황을 봐 가면서 하는 거지."

르미와 태하가 또 전투태세에 돌입하려고 하자 지유가 중간에 끼어들었다.

"암튼 고맙다. 응원하러 와 줘서."

"뭐 도와줄 거 없나? 우리도 나름 결승 준비하면서 조사한 자료가 좀 있거든. 느그도 조사했겠지만 비교해 보면 좋지 않을까 해서 가져와 봤다."

재우가 손에 든 태블릿PC를 꺼내 슈퍼겜보이가 준비한 자료를 소개했다. 르미와 지유가 조사한 내용과 겹치는 것도 있었지만 미처 찾지 못했던 자료도 있었다. 재우는 자신이 직접 쓴 찬성 측 입론과 태하가 쓴 반대 측 입론도 보여 주었다. 여성의 관점에서는 생각하지 못했던 내용도 있어 여러 모로 도움이 되었다. 르미와 지유는 태하와 재우의 의견을 반영해 입론 원고를 수정했다.

"입론 완성했으니까 이제 반론해야 할 거 아이가. 우리가 상대편 역할을 해 줄 테니까 실전처럼 해 보자."

"야, 너희 감동이다."

르미는 진심으로 고마웠다. 지유도 그렇게까지 하지 않아도 된다고 말했지만 내심 고마워하는 눈치였다.

"세다(CEDA) 토론에 반대신문이라는 게 있잖아. 여기에서 어떤 질문을 하는지가 승패를 좌우하더라고. 너희 각오해라. 이 오빠가 엄청 빡센 질문 막 던질 거다."

르미는 콧방귀를 뀌었다. 그런데 막상 연습해 보니 태하가 경고한 대로 말문 막히는 질문이 생각보다 많았다. 아무래도 성별 문제를 다루는 논제이다 보니 여성과 남성의 관점 차이가 반영된 반론이나 질문이 나왔고, 적절한 답변을 찾느라 애를 먹었다. 자칫 잘못하면 남학생으로만 이루어진 너비아니 팀과의 토론이 성별 대결로 비춰질 수도 있기 때문이다. 르미와 지유는 이 토론이 남녀 간의 갈등으로 보이는 것은 적절하지 않다고 생각했다. 물론 남녀의 대결 구도로 가게 된다면 승부에는 유리할지도 모른다. 하지만 승패보다 좋은 토론이 우선이라고 한 신비 선생님의 말에 아이들도 동의하고 있었다.

논의가 길어지자 집으로 가는 막차가 끊길 시간이라며 재우가 먼저 자리를 털고 일어섰다. 그제야 시간이 너무 늦었다는 걸 알아챈 아이들은 모두 집으로 돌아갔다.

지유를 바래다준 뒤에 태하와 르미가 나란히 걸었다.

"나는 안 데려다줘도 괜찮다니까. 늦었어, 너도 이제 들어가. 우리 집이 바로 코앞이야."

"너 들어가는 거 보고 가야 이 오빠가 마음이 놓여서 그런다. 너 같이 튼튼한 애는 별걱정 안 해도 되겠지만."

"또 까분다."

"아침에는 네가 나를 데리러 오니까 저녁에는 내가 바래다주는 거야. 쌤쌤이잖아."

르미가 어이없다는 표정을 지었다.

"매일 바래다주는 것처럼 얘기한다? 우리 아파트 경비 아저씨 많아서 걱정 안 해도 되네요."

르미가 툴툴거렸지만 태하는 한사코 바래다주겠다고 했다. 르미네 집이 있는 아파트 동 앞에 도착하자 태하가 얼른 들어가라며 손을 저었다.

"야, 구르미."

입구 비밀번호를 누르던 르미가 뒤돌아봤다. 태하는 아무 말도 않고 한참 뜸을 들였다.

"왜?"

태하가 천천히 걸어왔다. 르미의 바로 앞까지 와서도 태하는 또 한참을 망설이다가 입을 열었다.

"내일, 잘해라."

르미는 의아한 듯 태하를 바라보았다.

"어차피 내일 아침에 볼 텐데. 암튼 고맙다. 조심히 들어가."

태하는 집으로 들어가는 르미의 뒷모습을 한참 동안 지켜보다가 아파트 입구의 등이 꺼지고 나서야 자기 집 쪽으로 발길을 돌렸다.

세다(Cross Examination Debate Association) 토론

반대신문식 토론, 교차조사 토론이라고도 불리며, 기존의 고전식 토론에 반대신문의 절차를 결합한 토론 형식이다. 주로 2명이 한 조를 이루어 진행하고, 크게 입론, 반대신문, 반론의 세 부분으로 구성된다. 처음에는 입론과 반대신문으로만 토론이 이루어지고, 마지막에는 반론이 연속해서 진행된다. 질문자는 상대방의 주장과 근거 중 논리적인 오류를 찾아내어 질문함으로써 자기편이 유리하게 토론을 진행해 갈 수 있도록 한다. 이 질문의 과정을 통해 논제에 대한 깊이 있는 논의가 가능하며 부당한 결론을 도출하는 것을 방지할 수 있다.

결승

"학교 갔다 오겠습니다."

현관에서 신발을 신고 있는 르미에게 엄마가 뛰어왔다.

"밥 안 먹고 가니?"

"너무 긴장돼서 밥이 안 넘어가. 그냥 갈게."

"대회는 오후라며. 그때까지 아무것도 안 먹을 거야?"

"배고프면 점심은 챙겨 먹을 거야."

"안 돼. 이거라도 먹고 가."

엄마가 삶은 고구마를 건넸다. 르미는 고개를 저었지만 한 입이라도 먹으려는 엄마가 고구마를 르미 입에 갖다 댔다. 막상 입에 넣으니 고구마는 달고 맛있었다.

"큰일 앞두고 굶는 거 아니야."

그제야 엄마의 표정이 만족스럽게 풀렸다.

"그나저나 요즘엔 웬일로 유튜브 얘길 안 하니?"

"왜? 언제는 말도 못 꺼내게 하더니, 안 하니까 또 섭섭해?"

"아니, 그게 아니라……. 됐으니까 얼른 학교에나 가."

"엄마는 꼭 할 말 없으면 그러더라."

르미가 웃으며 현관문을 열었다.

"오늘 잘해. 긴장하지 말고, 편하게."

"알았어, 알았어. 나중에 가게에서 봐요."

유튜브 콘텐츠 크리에이터가 되겠다는 르미의 꿈이 흔들리기 시작한 건 아이러니하게도 엄마를 설득하려고 시작한 토론하리 활동을 하면서부터였다. 토론을 하면 찬성 입장이었다가도 반대 입장에 끌리기도 하고, 반대 입장으로 발언을 하다가도 찬성 입장에 마음이 흔들리기도 했다. 그러다 보면 토론 과정에서 논점이 흔들리는 일이 발생하는데, 그럴 때면 신비 선생님은 늘 이렇게 말했다.

"스스로 질문을 던져 보세요. '이 주장, 납득할 수 있어?' 하고. 자신을 납득시킬 수 없는 주장이라면 남도 설득할 수 없습니다."

스스로 질문하고 답하는 과정에 익숙해진 뒤로는 토론에서 논점이 흐려지는 일이 훨씬 줄었다. 그러다 보니 르미는 어떤 주장이든 질문으로 검토하는 습관이 생겼다. 꿈에 대해서도 역시 예외는 아니었다.

나는 왜 유튜버가 되어야 하지? 엄마를 기쁘게 하기 위해서. 그럼 유튜버가 되면 나는 기쁠까? 엄마가 기쁘면 나도 기쁘지. 유튜버가 될 준비는 되어 있어? 지금부터 하면 돼. 그럼 준비할 자신은 있어? 잘할 수 있어, 간절하거든. 정말 간절한 거 맞아? 그 근거는 뭐야? 내가 행복하기 위해서는 꼭 유튜버가 되어야 해? 꼭 유튜버일 필요는…… 없어. 다시 물을게. 유튜버가 되어야 할 이유가 나에게 있어?

질문이 거듭될수록 적절한 답변을 찾기가 더 힘들어졌다. 르미는 엄마를 설득하겠다던 자신의 꿈이 실은 자신조차 납득시킬 수 없을 정도로 논거가 빈약하다는 것을 깨달았다. 수많은 질문과 답 끝에 결국 르미는 이 정도로 결론을 냈다.

'내가 정말로 하고 싶은 건 유튜버가 아닐지도 몰라.'

강당에는 사람들로 가득 차 있었다. 토론대회 준비위원들은 분주하게 돌아다니며 마이크와 스피커를 점검했고, 자리 배치와 좌석에 붙은 명찰 등을 확인했다. 사회자석에는 신비 선생님이, 관객석 앞자리에는 이사장과 교장선생님, 그 옆자리에는 다른 선생님들과 함께 8강 진출자 16명이 나란히 앉았다.

입장 추첨 결과 구름이지유 팀이 반대, 너비아니 팀은 찬성 측에서 토론하게 되었다. 그에 따라 무대 오른편에는 구름이지유 팀이,

왼편에는 너비아니 팀이 앉았다. 자리를 정돈하고 있을 때 잠시 자리를 비웠던 신비 선생님이 다시 돌아와 마이크를 들었다.

"자, 여러분, 반갑습니다."

사회자의 말이 시작되자 웅성거리던 장내가 차분해졌다.

"지금부터 하리고등학교 토론대회 결승전이 시작되겠습니다. 하지만 그 전에 소개해 드릴 분이 있어요."

신비 선생님은 무대 옆쪽으로 살짝 자리를 옮기며 말했다.

"저보다 더 뛰어난 사회자가 토론을 진행해 주면 어떨까 해서 급하게 섭외했습니다."

선생님이 무대 뒤편으로 손을 펼쳤다.

"하리고등학교 31회 졸업생이자 KBC 8시 뉴스 앵커 송수현 씨를 특별 사회자로 모시겠습니다. 박수로 맞이해 주세요."

무대 위에 나타난 수현의 모습을 보고 관중석에서 환호성과 함께 박수가 쏟아졌다. 아이들이 축제 준비를 위해 만났던 멘토 '송수현 선배'의 모습이 아닌 깔끔한 정장을 차려입은 '아나운서 송수현'의 모습이었다. 수현은 환한 웃음으로 등장했다. 그리고 너비아니 팀과 인사를 나눈 다음 지유와 르미 쪽으로 다가왔다.

"선배님, 여긴 어쩐 일이세요?"

르미가 반가운 마음에 웃으며 먼저 말을 걸었다.

"서프라이즈~"

찡긋 윙크를 하는 수현에게 지유가 밝은 얼굴로 꾸벅 인사를 했다.

"너희 정말 대단하다. 1학년이 결승 진출이라니. 신비 선생님이 특별 사회를 맡아 달라고 부탁하셨어. 선생님은 좀처럼 뭘 부탁하는 분이 아니거든. 그래서 달려왔지."

수현이 르미와 지유의 손을 잡았다가 놓았다.

"긴장하지 말고 잘해."

신비 선생님한테 마이크를 넘겨받은 수현이 사회자석에 앉았다.

"정확히 10년 전에 제가 토론 참여자로서 이 무대에 섰었는데요. 여기 사회자 자리에 앉으니 감회가 새롭네요. 여러분, 반갑습니다. 하리고 31회 졸업생이자 KBC 아나운서 송수현입니다."

수현은 활짝 미소를 지으며 함성이 잦아들기를 기다렸다.

"먼저 토론대회 진행 과정부터 소개할게요. 이번 토론은 세다 토론 형식으로 진행됩니다. 토론 형식에 익숙하지 않은 분들은 뒤에 설치된 스크린을 참고해 주세요."

수현이 무대 아래에 있는 방송반에 신호를 주자 뒤쪽 스크린에 발언 순서가 안내된 화면이 나타났다.

"토론 진행 순서에 따라 해당되는 번호에 불이 깜빡일 거예요. 예를 들어, 첫 번째 발언은 찬성 측 제1토론자의 입론인데요. 신명호 학생이 발언하는 동안 '입론'이라고 표시되어 있는 부분이 천천히 깜빡일 겁니다."

찬성 측(너비아니)		반대 측(구름이지유)	
제1토론자 (신명호)	제2토론자 (진다운)	제1토론자 (성지유)	제2토론자 (구르미)
① 입론			② 반대신문
④ 반대신문		③ 입론	
	⑤ 입론	⑥ 반대신문	
	⑧ 반대신문		⑦ 입론
⑩ 반론		⑨ 반론	
	⑫ 반론		⑪ 반론

수현의 말이 끝나자 '①입론'이 깜빡이는 모습이 스크린에 나타났다. 토론 형식이 안내된 스크린 배경과 현직 뉴스 앵커의 진행까지, 마치 텔레비전 토론 프로그램에 출연한 것 같은 착각이 들었다.

"자, 그럼 지금부터 하리고등학교 토론대회 결승전을 시작하겠습니다. 오늘 토론 논제는 '기업의 신입 사원 채용 시 여성할당제를 실시해야 한다'입니다. 너비아니 팀이 찬성, 구름이지유 팀이 반대 입장으로 토론이 진행되겠습니다."

무게감 있는 수현의 목소리에 관객 모두의 시선이 무대로 집중됐다. 일순간 강당의 공기가 바뀌었다.

"여성에게 사회 진출의 기회가 제한되어 있다는 문제의식을 바탕으로 최근 여성할당제에 대한 논의가 가속화되고 있는 시점입니다. 직장 내에서 성별의 다양성을 확보하기 위한 방안으로 가치 있는 결정이라는 의견과 여성할당제는 여성만을 고려한 정책이기에 공정하지 못하다는 의견이 팽팽하게 맞서고 있는 상황입니다. 본 대회는 '기업의 신입 사원 채용 시 여성할당제를 실시해야 한다'라는 논제를 통해 '여성할당제'에 대해 함께 고민해 보는 기회를 마련하고자 합니다. 양측 토론자는 토론 규칙을 준수해 주시고 서로 예의를 지키는 토론 태도를 보여 주시기 바랍니다. 먼저 찬성 측 입론을 듣겠습니다. 입론 시간은 4분입니다. 찬성 측 제1토론자, 입론하십시오."

너비아니 팀의 첫 번째 토론자인 신명호가 자리에서 일어섰다.

"찬성 측 제1토론자 신명호입니다. 찬성 측 입론 시작하겠습니다. 여성할당제란 정치나 교육, 고용 등의 각 분야에서 채용이나 승진 시 일정한 비율을 여성에게 할당하는 제도를 말합니다. 여성할당제는 가부장제의 영향으로 남성 위주로 편성된 조직과 기업 문화를 개선하고 직장 내 다양성을 확보함으로써 보다 생산적이고 민주적인 조직 운영을 도울 수 있습니다.

우리나라 기업의 성비 불균형은 심각합니다. 일례로 작년 매출 100대 기업 중 직원 성별을 공개한 47개 기업 가운데 남성 비율이 전체 직원의 50퍼센트 이상인 경우가 44곳이었습니다. 93.6퍼센트에 해당하는 엄청난 비율이죠. 게다가 이 중 90퍼센트를 넘는 이른바 '슈퍼 남초 기업'도 17곳이나 됩니다. 공공기업의 경우는 상황이 더 심각합니다. 인천국제공항공사나 한국전력공사 등 공기업의 여성 채용 비율은 겨우 20퍼센트 내외입니다. 한국공항공사는 10퍼센트도 채 되지 않지요. 이런 자료들이 말하고 있는 것은 무엇일까요? 저희 찬성 측은 이렇게 해석했습니다. '여성들이 기업의 채용 및 승진에서 불이익을 받고 있다.'

저희는 여성할당제는 여성들에게 가해지는 불이익을 방지함으로써 여성의 입장에서는 능력에 맞는 일자리를 제공받고, 기업의 입장에서는 조직의 다양성을 확보하고 남녀평등이라는 사회정의를 실현할 수 있다는 점에서 꼭 실현되어야 할 제도라고 보고 있습니다."

여유로운 표정과 몸짓, 수치를 말할 때 억양이나 속도에 변화를 주는 것이나 관객과 눈을 맞추며 교감하려고 시도하는 것까지. 상대는 노련한 토론자임이 틀림없었다. 강력한 우승 후보라는 평가에 걸맞게 만만치 않은 상대였다.

"찬성 측 입론 잘 들었습니다. 여성할당제는 채용 과정에서 일어나는 여성의 불이익을 막고 조직의 다양성을 확보할 수 있다고 주장했네요. 자, 그럼 반대 측 제2토론자, 반대신문 해 주세요."

르미는 조용히 찬성 측 토론자들을 바라보았다. 신명호가 펜을 들고 준비를 마치자 르미는 천천히 발언을 시작했다.

"반대 측 제2토론자 구르미입니다. 반대신문 하겠습니다. 찬성 측에서는 여성할당제가 여성을 배려하는 정책이라고 생각하십니까?"

"물론입니다. 여성할당제는 남성에 비해 차별받고 있는 여성을 배려하고 여성의 사회적 지위를 회복시킬 수 있는 정책이라고 생각합니다."

"여성할당제는 여성 채용 비율이 낮으니까 여성이 차지할 자리를 미리 정해 두고 채용해야 한다는 말이군요. 제가 이해한 것이 맞습니까?"

"어감이 다르긴 하지만…… 기본적인 내용은 맞습니다."

"그렇다면 남성들의 반발이 있지는 않을까요? 자신의 자리를 빼앗긴다고 느낄 텐데요."

"저희도 남성들의 반발을 예상하지 않은 것은 아닙니다. 하지만 여성할당제의 목적은 남성의 자리를 빼앗는 것이 아니라 남성과 여성의 균형을 통해 기업의 다양성을 확보하는 겁니다. 평등이라는 사회적 정의를 근거로 설득해 나간다면 충분히 극복할 수 있는 문제라고 생각합니다."

"여성할당제가 시행된다면 여성 친화적인 정책이 될 것이라고 생각하는 거군요. 맞습니까?"

"네, 그렇습니다."

"저희는 이렇게 생각합니다. 여성할당제를 시행하게 된다면, 적법한 절차에 의해 합격했음에도 여성을 배려한 제도 덕분에 합격했다는 인식이 생길 것입니다. 여성의 입장에서 이런 오해들은 상당한 부담으로 작용할 수 있으며, 결국 남녀 갈등을 불러올 수 있죠. 이런 상황이 빤히 예상되는데도 과연 여성할당제가 여성을 배려한 제도라고 할 수 있을까요?"

"그건 여성할당제를 비관적으로 보고 있는 반대 측의 지나친 우려입니다. 시행 초기에는 물론 여러 문제가 발생할 수 있겠죠. 하지만 여성할당제가 정착되어 직장 내 남녀 비율이 개선된 이후로는 그런 문제가 자연스럽게 사라질 것입니다."

날카로운 질문에도 신명호의 답변에는 흔들림이 없었다. 하지만 반대신문으로 입론의 토대를 세우겠다는 전략을 세웠던 르미와 지유 입장에서는 '남녀 갈등의 가능성'이라는 쟁점을 제시한 것만으로도 나쁘지 않은 성과였다.

"다음으로 반대 측 제1토론자, 입론해 주세요."

입론 원고를 살펴보고 있던 지유가 자리에서 일어났다.

"반대 측 제1토론자 성지유입니다. 입론 시작하겠습니다. 찬성 측에서 말한 대로 여성할당제는 취업이나 승진 시 일정한 비율을 정해 여성의 몫을 보장해 주는 제도입니다. 저희 반대 측은 여성할당제가 오히려 취업의 공정성을 해칠 수 있으며, 그로 인한 사회적 갈등을 불러올 수 있다고 생각합니다.

채용 시험은 무엇보다 공정성이 우선되어야 합니다. 모두가 인정할 수 있는 공정한 시선으로 한 사람의 능력과 인성, 업무 능력을 평가해야 합니다. 물론 현재 기업에서 시행하고 있는 채용 시험이 무조건 공정하다는 말은 아닙니다. 몇 년 전 금융권 채용 시험에서 남녀 7 대 3으로 채용 비율을 미리 정해 두고 채용 점수를 조작하는 비리가 적발된 일이 있었습니다. 이런 일이 비단 금융권에만 있는 일일까요?

이 문제를 해결하기 위해 정부와 금융권이 협약을 맺었습니다. 이 협약에 따르면, 올해부터 금융사는 남녀 비율을 미리 정해 둘 수 없습니다. 그리고 개인의 능력을 평가하기 위한 객관적인 기준을 마련했죠. 여기에서 주목해야 할 것은 남녀 비율을 5 대 5로 맞추자고 합의한 것이 아니라는 점입니다. 결과적으로 남녀 비율을 맞추는 것이 아니라 남녀에 상관없이 동등한 조건에서 평가받을 수 있도록 과정의 공정성에 초점을 맞춘 것이죠.

저희 반대 측은 과정의 공정성을 취하는 방식을 지지합니다. 취업에 여성의 몫을 정해 두면 남성의 반발은 없을까요? 제도 덕분에 쉽게 입사했다며 질시하지는 않을까요? 혜택을 입은 여성이라는 인식 때문에 여성들은 마음이 편하지 않을 겁니다. 오히려 혜택을 받았다는 생각에 위축되는 여성도 나올 것입니다. 신입 사원을 채용할 때 여성을 의무적으로 일정 비율 뽑아야 한다는 결과를 정해 놓는 여성할당제는 공정하지 않습니다. 여성을 배려하는 것 같아 보이지만 실상은 여성에게도 남성에게도 도움이 되지 않는 정책이라고 생각합니다."

반대 측 첫 번째 발언이라는 중압감이 있었을 텐데도 지유는 안정감 있게 발언을 마쳤다. 반대신문을 하라는 사회자의 진행에 따라 신명호가 다시 마이크를 들었다.

"찬성 측 제1토론자 반대신문 하겠습니다. 반대 측 토론자께서는 여성할당제가 채용 과정에서의 남녀 비율 개선에 도움이 안 된다고 말씀하신 겁니까?"

"그건 아닙니다. 여성할당제가 시행되면 당장 여성의 채용 비율이 높아질지도 모릅니다. 하지만 그 방법이 공정하지 않다고 말씀드리는 겁니다."

"지금도 대부분의 대기업에서는 블라인드 채용을 통해 공정하게 채용 시험을 치르고 있습니다. 그럼에도 채용 성비 불균형은 계속 일어나고 있습니다. 이에 대해서는 어떻게 생각하십니까?"

"공정한 채용의 결과라면 성비 불균형을 받아들여야 한다고 생각합니다. 그 채용 과정이 정말 공정하다면 말이죠. 하지만 실제로 블라인드 채용에서도 성별을 묻는 항목을 넣거나 사진을 요구하는 등의 편법을 통해서 성별을 확인하는 경우가 있습니다. 찬성 측 토론자께서 말한 공정한 시험을 위해서는 아직 갈 길이 멉니다."

줄곧 지유를 바라보며 발언을 이어가던 신명호가 관객 쪽으로 몸을 돌렸다.

"그렇습니다. 지금 반대 측 토론자가 말했듯이 공정한 시험을 향해 가는 길은 아주 멉니다. 그와 달리 여성할당제는 신입 사원 남녀 비율을 즉각적으로 바꿀 수 있죠. 이 점은 반대 측 역시 인정한 부분입니다. 채용 성비 불균형 문제는 우리 사회가 시급하게 해결해야 할 숙제입니다. 그러니……."

신명호가 다시 지유에게 시선을 돌렸다.

"오히려 즉각적인 효과를 볼 수 있는 여성할당제를 시행하는 것이 옳지 않을까요?"

"사정이 급하다고 해서 그 문제나 효과가 충분히 검토되지 않은 제도를 섣부르게 적용할 수는 없습니다. 아까 말했듯이 결과적인 방법으로 남녀 비율을 맞추는 것은 오히려 부작용을 일으킬 염려가 있습니다. 어렵고 힘든 길이지만 과정의 공정성을 향해 가는 길이 올바르다고 생각합니다."

지유가 답변을 마치자 반대신문 시간이 끝났음을 알리는 알람이 울렸다. 시간을 확인한 사회자가 찬성 측을 보며 말했다.

"자, 이제 찬성 측 제2토론자의 입론을 듣겠습니다."

마이크를 든 진다운이 자리에서 일어서자 관객석이 술렁였다. 잘생긴 외모에 큰 키, 명석한 두뇌까지 갖춘 그는 학생들에게 인기가 많았다. 그의 인기를 대변하듯 가벼운 묵례에도 환호가 쏟아졌다.

"찬성 측 제2토론자 진다운입니다. 입론 시작하겠습니다. 여성할당제는 여성과 남성의 임금격차를 줄이는 데 큰 역할을 할 수 있다고 생각합니다. 현재 우리나라 여성의 경제활동 참가율은 52.9퍼센트입니다. 이는 OECD의 평균에도 미치지 못하는 수치죠. 이에 반해 남성의 경제활동 참가율은 73.7퍼센트로, 무려 20.8퍼센트나 차이가 납니다. 더 심각한 건 임금격차입니다. OECD에 따르면, 우리나라의 성별 임금격차는 34.6퍼센트로 한국은 성별 임금격차가 가장 심각한 국가로 꼽히고 있습니다. 세계 경제 순위 8위인 우리나라의 상황을 생각하면 부끄러울 정도의 수치입니다. 남녀 간 임금격차가 이토록 심각하다는 것은 여성들이 담당하고 있는 노동의 질이 떨어진다는 사실을 보여 주는 것입니다. 앞에서 살펴본 것처럼 여성의 취업문은 남성에 비해 너무 좁기 때문이죠. 여성할당제는 여성의 사회 진출을 보장하여 경제활동 참가율은 물론 임금격차, 나아가 여성의 인권을 증진시키는 데 도움을 줄 것입니다. 따라서 저희 찬성 측은 여성할당제가 남녀평등의 가치를 실현할 수 있는 중요한 연결 고리가 될 것이라고 확신합니다."

"반대 측 제1토론자, 반대신문 하십시오."

마이크를 잡은 지유가 진다운 쪽으로 몸을 돌렸다.

"이런 상황을 가정해 보겠습니다. 같은 스펙과 능력, 인성까지 모든 조건이 같은 남성과 여성이 있습니다. 이 중에서 1명을 채용

해야 한다면 찬성 측 토론자께서는 누구를 채용하겠습니까?"

자신만만했던 진다운의 표정이 일그러졌다.

"고민되는 질문이네요. 그런데 이 질문이 논제와 관련이 있습니까?"

"네, 밀접한 관련이 있습니다. 답변 부탁드립니다."

단호한 지유의 표정에 진다운은 난감해했다. 이윽고 뭔가를 결심한 듯 마이크를 들었다.

"남성과 여성의 모든 조건이 같다고 전제하는 반대 측 토론자의 질문에 이의를 제기합니다. 현실적으로 불가능한 전제를 바탕으로 한 질문에 대답하기는 힘들 것 같습니다."

지유가 살짝 미소를 보였다.

"그렇다면 찬성 측은 남성과 여성이 같지 않다고 말하는 겁니까?"

"그건 아닙니다. 모든 사람은 동등한 대우를 받을 권리가 있다는 것은 인정합니다. 다만 찬성 측에서 한 질문이 비현실적 사실을 전제하고 있다는 것을 지적하고 싶습니다."

"답변을 거부하시니 제가 말씀드리겠습니다. 모든 조건이 같다면 아마 남성을 뽑을 가능성이 높을 것입니다. 이유는 단 한 가지입니다. 출산과 육아. 상대적으로 출산휴가와 육아휴직을 보장해야 하는 부담을 피할 수 있는 남성을 채용하는 것이 기업 입장에서는 이익이 될 것이기 때문입니다. 이 의견에 동의하십니까?"

"그건 너무 일방적인……."

진다운이 말을 마치기도 전에 반대신문 시간이 끝났음을 알리는 알람이 울렸다. 두 주먹을 꽉 쥐며 당황해하는 진다운의 표정과 달리 달아오른 토론 분위기가 흥미로운 듯 사회자인 수현의 표정에 화색이 돌았다. 치열한 논쟁이 펼쳐지는 토론에 관객도 완전히 몰입했다. 토론장은 진중하면서도 흥분이 감돌았다.

"반대신문 시간이 종료되었습니다. 이제 반대 측 제2토론자, 입론해 주십시오."

르미가 자리에서 일어났다. 순간 관객석 가장 뒤에 서 있는 신비 선생님과 눈이 마주쳤다. 선생님은 안경을 한번 고쳐 쓰고는 르미를 향해 힘내라는 듯 주먹을 쥐어 보였다. 선생님의 응원에 힘을 얻은 르미가 크게 심호흡한 다음 발언을 시작했다.

"반대 측 제2토론자 구르미입니다. 반대 측 입론하겠습니다. 남성에 비해 여성이 채용에 불이익을 받는 이유는 너무도 다양합니다. 여성은 남성보다 무능할 것이라는 편견, 가부장제에 익숙한 문화, 그로 인해 생겨난 남성의 사회 진출은 의무이지만 여성은 선택일 뿐이라는 인식……. 하지만 그중에서도 '출산과 육아'는 여성의 책무라는 인식이 가장 큰 장벽이 아닐까 합니다.

여성가족부 발표에 따르면, 육아휴직 이후 직장에 복귀한 여성은 전체의 43.2퍼센트에 불과합니다. 그렇게 경력이 단절된 여성이 재취업하는 건 더 어렵습니다. 자녀 양육을 걱정해야 하고, 일자리도 부족하기 때문입니다. 이런 상황에서 여성할당제가 얼마나 실효성이 있을까요? 여성할당제의 혜택을 받아 취업했다 하더라도 현행대로라면 출산과 육아라는 장벽에 막혀 절반 이상의 여성이 회사를 그만두게 될 것입니다.

여성할당제는 결과적으로 직장 내 남녀 비율 불균형 문제를 극복하는 근본적인 대안이 아닙니다. 오히려 남성의 육아휴직을 의무화함으로써 남녀의 차이를 제도적으로 보완하고 육아는 여성의 몫이라는 인식을 개선하는 데 힘을 써야 합니다. 그것이 여성의 취업률을 높이는 데 더 큰 도움이 될 것입니다."

"반대 측 입론 잘 들었습니다. 자, 이제 찬성 측이 마지막 반대신문을 하겠습니다. 찬성 측 제2토론자, 반대신문 하십시오."

그러나 지유의 공격에 당한 진다운은 흥분을 채 가라앉히지 못한 듯했다. 그러자 신명호가 재빨리 숙의 시간을 요청하고는 한참 동안 무언가를 속삭였다. 진다운은 귀 기울여 이야기를 들으면서 연신 고개를 끄덕였다. 마지막으로 신명호가 진다운의 어깨를 툭툭 몇 번 쳤다. 진다운이 몇 번 헛기침을 하고 자세를 고쳐 앉았다.

"숙의 시간이 끝났습니다. 찬성 측 제2토론자, 반대신문 하세요."

"찬성 측 제2토론자 반대신문 하겠습니다. 반대 측에서는 여성할당제가 남녀 비율 불균형 문제를 극복하는 근본적인 대안이 아니라고 했습니다. 맞습니까?"

"네, 맞습니다."

"그러면 반대 측에서는 남성의 육아휴직을 의무화하는 것이 근본적인 해결 방법이라고 생각하는 건가요?"

"남성의 육아휴직 의무화를 비롯한 제도적인 보완과 육아는 여성의 몫이라는 인식을 개선하는 것, 이 두 가지가 동시에 진행되어야 한다고 생각합니다."

"일단 육아휴직에 대해서 생각해 보겠습니다. 결혼을 한 남성과 여성이 모두 의무적으로 휴직하게 된다면 두 사람에게 동등한 조건을 만들 수 있습니다. 하지만 이 정책만 가지고 모든 걸 포괄할 수는 없습니다. 아이가 없는 부부는 어떻게 합니까? 결혼하지 않은 사람들은요?"

예상치 못한 질문에 르미는 아픈 곳을 찔린 것처럼 정신이 아찔했다. 하지만 당황한 티를 내서는 안 됐다. 숙의 시간을 요청하고 싶은 마음이 간절했지만 그것도 이번 단계가 끝나야만 가능했다. 르미는 혼자 힘으로 적절한 답변을 최대한 빠른 시간에 찾아내야 했다.

"저희가 주장한 것은 출산과 육아를 부부가 함께 책임지는 문화와 제도를 만들어 가야 한다는 것이었습니다."

르미는 앞에서 했던 이야기를 반복하면서 시간을 버는 동시에 이어질 말을 생각했다.

'육아휴직을 의무화한다는 것은 결혼한 사람은 누구든 의무적으로 휴직해야 한다는 거야. 그러면 모든 직장인에게 의무 휴직을 주면 되지 않을까?'

다소 무리가 있는 아이디어라는 걸 르미도 잘 알고 있었지만 이것저것 따질 수 있는 상황이 아니었다.

"저희가 미혼자나 아이가 없는 부부를 생각하지 않은 것은 아닙니다. 직장인 모두에게 휴직을 의무화하거나 육아휴직을 하지 못하는 직장인에게는 적절한 보수를 제공함으로써 보상하는 방식을 생각해 볼 수 있을 겁니다."

"좀 추상적인데, 구체적인 방안은 없나요?"

찬성 측이 구체적인 방안을 추궁했지만, 임시방편으로 제시한 의견이기에 제대로 된 답을 내놓기가 힘들었다. 르미는 순간적으로 진다운의 질문이 논제에서 벗어난다는 걸 이유로 들어 이 쟁점에서 빠져나가기로 했다.

"이 토론은 '여성할당제' 시행의 적절성을 논하는 자리이므로 저희가 생각한 정책의 구체적인 방안을 이야기하기에 적절하지 않습니다. 대신 여성할당제보다는 남녀평등을 추구하는 다른 정책적 고민이 필요하다는 저희의 주장을 분명히 하고자 합니다."

사회자가 반대신문이 끝났음을 알렸다. 지유가 눈으로 '잘했다'라는 신호를 보냈지만 르미는 마음이 무거웠다. 이번 반대신문으로 분위기가 너비아니 팀 쪽으로 흘러가는 게 느껴졌다. 그게 마치 자신의 탓 같았다. 르미는 저도 모르게 머리카락 끝을 말기 시작했다.

반대신문의 목적

1. 주장의 요점을 명확하게 보여 준다.
2. 청중에게 상대의 논리적 오류를 보여 준다.
3. 상대 주장의 약점이나 실언, 모순을 지적하여 상대의 시인을 받아 낸다.
4. 자신이 원하는 방향으로 토론을 주도해 나가기 위한 쟁점을 제시한다.
5. 청중에게 자신의 날카로운 비판력과 분석력을 보여 준다.

반론

"이제부터 반론을 진행하겠습니다. 반대 측 제1토론자부터 반론 시작해 주십시오."

그때 지유가 손을 들어 숙의 시간을 신청했다. 요청이 받아들여지자 지유는 머리카락을 돌돌 말고 있는 르미의 손을 잡았다.

"너 지금 자책하고 있지?"

깜짝 놀란 르미가 고개를 끄덕였다.

"그럴 줄 알았다. 자책할 거 없어. 우리가 예상하지 못했던 질문이었잖아. 네가 답변 엄청 잘한 거야. 나였으면 그렇게 못 했을 거야. 얼굴만 붉히고 있었을걸?"

설마 지유가 그랬을 리 없지만 그래도 위로가 되었다. 르미가 자세를 바로 잡았다.

"털어내고 남은 반론에 집중하자. 자, 여길 봐."

지유는 자기가 써 놓은 메모에서 '여성간담회'라고 적힌 부분을 손으로 짚었다.

"일단 이번 반론에서 내가 이걸 언급할 거야. 그리고 결과적 평등보다 과정의 평등이 더 중요하다는 걸 한 번 더 강조하는 걸로 마무리, 어때?"

"쟁점을 부각시킨다?"

"그렇지."

지유가 르미를 보며 미소를 지었다.

"그럼 넌 이 얘길 해 줘."

"공무원 시험?"

"응, 그리고 찬성 측에서 노르웨이 사례를 아직 안 썼어. 반론에서 나오지 않을까? 그럼 그것도 르미 네가 방어해 줘야 해."

"알았어."

노르웨이는 여성할당제를 가장 먼저 법적으로 규제한 나라였다. 비록 채용이 아닌 임원 승진에 대한 내용이었지만 여성할당제를 논하는 토론인 만큼 찬성 측에서 분명히 쓸 수 있는 논거였다. 그런데 너비아니 팀은 아직 그 사례를 다루지 않고 있었다. 지유는 찬성 측이 반론에서 노르웨이 사례를 언급할 것이라고 확신하는 듯했다. 르미는 다시 자료를 훑어보았다.

"숙의 시간이 종료되었습니다. 반대 측 제1토론자, 반론해 주세요."

전광판의 '제1토론자 성지유'와 '반론'에 불이 들어와 깜빡였다.

"여성할당제를 통해 여성의 취업률을 올리는 것이 과연 남녀평등을 이룰 수 있는 일일지 생각해 보아야 합니다. 찬성 측에서 말했듯이 여성할당제를 시행하게 되면 그 제도를 발판으로 사회에 진출하는 여성이 늘어날 수는 있습니다. 여성들에게는 사회 진출의 기회가 되겠지요. 그러나 기회만 준다고 해서 남녀평등이라는 이상을 이룰 수는 없습니다.

2019년 2월에 있었던 여성가족부 장관과 대기업 여성 임원 간의 간담회 자리에서 여성할당제에 대해 전진수 SK텔레콤 상무가 한 말에 귀를 기울일 필요가 있습니다. '단순히 여성 인력을 확대하기보다 다양한 성격과 개성을 가진 사람들까지 함께 섞여 서로 영역에 대해 상호 존중하면서 일할 수 있는 문화를 만드는 게 중요하다.' 이처럼 현직 여성 임원들마저도 단순히 여성의 몫을 정해 놓는 방식에 회의적인 시선을 보입니다. 오히려 상호 존중의 문화를 강조하고 있죠. 이것은 육아휴직 의무화와 같은 세심한 접근을 통해 남녀가 평등하게 일할 수 있는 환경을 조성해야 한다는 저희 주장의 핵심과 일치합니다.

찬성 측에서 말했던 남녀 간의 임금격차, 성비의 불균형 모두 인정합니다. 심각한 사회문제이고, 우리 사회가 해결해야 할 과제입니다. 그러나 여성할당제와 같은 결과적 평등에 기댄 단순한 접근은 안 됩니다. 여성의 성장을 가로막는 사회적 제약을 제거해 나가는 방향으로 추진되어야 비로소 이룰 수 있을 것입니다."

발언을 마친 지유가 자리에 앉았다.

"다음으로 찬성 측 제1토론자의 반론을 듣겠습니다."

신명호가 자리에서 일어났다.

"철강이나 금속, 조선·해양과 같은 분야에서는 유독 이른바 남초기업이 많습니다. 그러나 여기에 문제를 제기하는 경우는 드뭅니다. 이들 기업은 현장 중심의 업무가 주를 이루고, 여성보다는 남성이 이런 업무에 더 적합하다는 판단 때문입니다. 그렇지만 이런 기업들이라고 해서 새로운 환경에 적응하기 위한 기업 혁신이 필요하지 않은 것은 결코 아닐 겁니다. 여성 인력의 도입을 통해 기업 문화를 변화시킬 필요가 있다는 것이죠. 그렇지만 현실적으로는 쉽지 않습니다. 이런 기업들에는 오래전부터 이어져 온 남성 중심 문화가 견고하게 뿌리박혀 있기 때문입니다.

노르웨이에서는 이미 2003년부터 이사회 임원 중 40퍼센트를 여성에게 할당하는 제도를 도입했습니다. 도입 시에는 여러 반대의 목소리가 많았지만 현재에는 기업의 생산성과 가치, 다양성, 창의성의 증가로 이어졌다는 평가를 받고 있습니다. 반대 측에서 언급한 간담회에 참여한 임원들 역시 '성별의 다양성은 기업의 효율성을 높이는 데 기여한다'라고 말한 것을 알고 있습니다. 이에 비추어 볼 때 성비 불균형의 해소가 기업 내 문화의 다양성을 확보하는 데 도움을 준다는 것은 명확합니다.

그러나 아쉽게도, 남성 중심 문화가 견고한 남초 기업에 반대 측이 언급했던 출산과 육아의 부담을 줄여 주는 아이디어를 제시해 여성 채용을 권하는 것이 과연 얼마나 현실성이 있을까요? 여성할당제를 통해 강제적으로라도 여성을 채용하게 만들고, 여성의 능력을 극대화할 수 있는 환경을 조성함으로써 변화의 숨결을 불어넣어 주어야 합니다. 제도적 강제성이 없다면 이들 기업은 결코 변화하지 않습니다. 여성할당제는 기업의 변화를 이끌어 냄으로써 우리나라 기업이 세계적 경쟁력을 확보할 수 있는 밑거름이 될 것입니다."

신명호는 르미가 말했던 육아 및 출산 지원 정책의 한계점을 밝힘으로써 찬성 측 주장의 현실성을 강조하는 전략을 폈다. 충분히 예상 가능한 전략이었다. 우세했던 부분을 한 번 더 강조함으로써 자신의 주장이 더 정당하다는 걸 보여 주는 건 반론에서 흔히 활용하는 전략이니까. 게다가 노르웨이의 사례는 이미 지유가 지적했던 것이기에 르미도 마음의 준비를 해 둔 터였다. 마음이 안정되자 자신감이 생겼다.

사회자가 반론 순서임을 알리자 르미가 자리에서 일어나 발언을 시작했다.

"미국의 한 대학에서 발표한 흥미로운 논문을 소개하고자 합니다. 시카고 대학의 마리안 베르트랑 교수는 이 논문을 통해 아내가 의도적으로 남편보다 적게 벌려는 행동을 한다는 사실을 입증했습니다. '남편이 아내보다 더 벌어야 한다'는 고정관념 때문에 이런 비합리적인 선택을 한다는 것이죠. 여성의 사회 진출을 막는 건 기업 내부의 여성 차별적 인식뿐만이 아닙니다. 우리 사회에 팽배해 있는 남성 중심 사상이 핵심입니다. 남성이 여성보다 우위에 있다는 사상의 위력은 여성이 자신을 남성보다 낮은 위치에 서도록 할 만큼 강력합니다.

저희 반대 측은 이러한 인식의 변화나 환경의 개선 없이 시행되는 여성할당제는 그저 빛 좋은 개살구에 지나지 않는다는 것을 강조합니다. 찬성 측에서 말한 노르웨이의 경우에도 여성할당제가 실시된 이후에 직장 내 여성의 처우 개선, 그러니까 육아와 관련된 지원이나 여성 신입 사원의 비율, 성별에 따른 소득 차이 등의 개선에 대해서는 유의미한 변화가 없다는 연구도 있습니다. 여성의 취업률이 조금 올라간다고 해서, 신입 사원의 남녀 성비 불균형이 해결된다고 해서 임금격차가 해소되지도, 찬성 측이 주장하는 궁극적인 남녀평등의 시대도 오지 않습니다.

앞서 언급한 간담회에서 여성 임원들이 입을 모아 말한 것이 있습니다. '육아 문제를 해결해 줘야 한다.' 이러한 주장의 목적은 단한 가지입니다. 여성이 마음 놓고 일할 수 있는 환경을 만들어 줘야 한다는 거죠. 남성과 여성이 아닌 그저 한 사람의 인간으로서 평가받고 일할 수 있는 기회를 제공하는 것 말입니다. 조금 멀어 보이는, 조금 힘들어 보이는 그 길을 걸어야 진정한 남녀평등으로 갈 수 있다고 믿습니다."

르미는 여성할당제로 남녀평등을 이룰 수 있다는 찬성 측의 주장을 반론하고 남성 위주의 문화와 인식 개선을 요구했던 자신들의 주장을 한 번 더 강조했다. 그러면서도 노르웨이 사례의 한계를 지적하는 것 또한 잊지 않았다.

마지막 발언 기회인 만큼 뭔가 더 반론했어야 했나 하는 아쉬운 마음이 드는 것도 사실이었다. 그러나 한편으로는 할 수 있는 최선을 다했다는 생각에 후련하기도 했다.

"이제 찬성 측 제2토론자, 반론해 주십시오."

진다운이 일어나 '아아' 하고 목소리를 점검한 뒤 물 한 모금을 마셨다. 그러고는 마이크를 들고 토론의 마지막 발언을 했다.

"반대 측에서는 여성할당제를 단순한 방식이라고 말했습니다. 저희 찬성 측도 여성할당제만으로 남녀가 평등한 세상이 올 수 있다고 믿지 않습니다. 여성할당제와 더불어 시행되어야 할 보완책이 당연히 필요합니다. 그 과정에서 반대 측 의견을 수용할 수는 있겠죠.

반대 측이 반대신문에서 여성과 남성이 같다는 걸 전제로 누구를 뽑을 것인지를 물었습니다. 하지만 그 질문은 전제 자체가 잘못되었습니다. 남성과 여성은 같지 않습니다. 따라서 어떤 방식으로든 두 성별을 같게 하는 건 현실적으로 불가능합니다. 다른 건 다른 걸로 인정하고, 다양성을 발휘할 수 있도록 만들어 주는 것이 올바른 접근이 아닐까요?

아직 신입 사원 채용에서 여성할당제를 시행하고 있는 나라는 세계 어디에도 없습니다. 노르웨이의 여성할당제 역시 여성 임원에 해당하는 예입니다. 그러니 급격한 변화를 요구하는 저희 측 주장에 대한 반대 측의 우려도 충분히 이해합니다. 하지만 저희는 이것이 기회라고 생각합니다. 성평등지수 1위 국가인 노르웨이에서조차 여성 임원의 여성할당제 도입 당시에는 수많은 반대가 있었죠. 하지만 현재는 벨기에, 독일, 오스트리아 등의 유럽 국가는 물론이고 인도나 말레이시아와 같은 아시아 국가까지 확대되어 운영되고 있습니다. 노르웨이는 여성할당제의 선도국으로서의 지위를 누리고 있고요.

우리는 좀 더 과감해져야 합니다. 우리나라에서 세계 최초로 기업의 신입 사원 채용 시 여성할당제를 실시한다면 세계 꼴지 수준의 성비 불균형 국가라는 오명을 벗을 수 있을 뿐만 아니라 나아가 남녀평등을 선도하는 국가로서 자리매김할 수 있을 것이라고 생각합니다."

발언을 마친 진다운이 자리에 앉은 것을 확인하고 사회자가 마이크를 들었다.

"이제 토론을 마치겠습니다. 지금까지 '기업의 신입 사원 채용 시 여성할당제를 실시해야 한다'를 논제로 한 토론이었습니다. 토론 참여자들은 자리에서 일어서 주세요."

토론 참여자 네 사람이 모두 일어서자 사회자가 말을 이었다.

"여러분, 지금까지 수고해 준 구름이지유와 너비아니 팀에게 뜨거운 박수를 부탁드립니다!"

관객석에서 박수와 환호가 일었다. 앞쪽에 앉아 있던 태하가 크게 환호성을 지르며 일어서자 옆에 있던 재우도 덩달아 일어섰다. 둘을 시작으로 자리에서 일어서는 관객이 하나둘 늘어 갔고, 결국 모든 사람이 기립 박수를 보냈다. 관객석 가장 뒤에서 신비 선생님도 한껏 웃으며 박수를 쳤다.

르미가 지유를 와락 껴안았다. 스킨십이라면 질색하던 지유도 그렁그렁한 눈으로 르미의 등을 두드려 주었다. 신명호는 쏟아지는 환호에 맞춰 엉덩이를 실룩거리며 우스꽝스럽게 손을 흔들었다. 토론에서 보여 주었던 냉정하고 진지한 표정은 온데간데없었다. 진다운은 르미와 지유를 향해 엄지손가락을 치켜세우고 힘들었다는 듯 고개를 절레절레 흔들었다.

그러는 동안 운영위원이 수현에게 봉투를 건넸다. 수현이 다시 마이크를 들었다.

"자, 지금 승리 팀이 적힌 카드가 도착했습니다. 토론이 진행되는 동안 배심원들께서 정성스럽게 채점을 해 주셨거든요. 두 팀 다 너무너무 잘해 주었는데 승부를 결정해야 하니 얼마나 힘드셨을까 싶습니다. 배심원 선생님들께도 박수 한번 보내 드릴까요?"

쏟아지는 박수 소리에 맞춰 배심원 중 하나인 장병선 선생님이 일어나 장난스럽게 손을 흔들자 관객석에서 웃음이 터졌다. 그러나 결과를 기다리는 토론 참여자들의 얼굴에는 초조한 기색이 역력했다. 결과는 어떻게 되어도 상관없다고 생각했지만 막상 결과 발표 시간이 다가오자 르미는 지유의 손을 꼭 잡았다.

"자, 그럼 발표하겠습니다."

수현이 우승자가 적힌 봉투를 열어 보고는 의미심장한 미소를 지었다.

"이번 하리고등학교 교내 토론대회의 우승 팀은……."

신비 선생님의 보충수업

토론하리 친구들이 교내 토론대회에 출전해서 활약했습니다. 내심 구름이지유와 슈퍼곈보이 팀 모두 결승에 올라갔으면 했는데, 슈퍼곈보이 팀은 아쉽게도 4강에서 탈락하고 말았죠. 절대로 재우와 태하가 못한 건 아닙니다. 다만 상대편이었던 너비아니 팀이 너무 강했어요. 결과를 떠나서 수고한 우리 토론하리 친구들에게 박수를 보냅니다.

그건 그렇고, 우리는 토론 공부를 해야겠죠?

○ 묻고 답하고

[질문]

송수현 아나운서가 손에 쥔 카드에는 어느 팀의 이름이 적혀 있었을까요? 여러분이 배심원이 되어 생각해 봅시다. 물론 두 팀 모두 훌륭했기 때문에 누가 이겼다고 하더라도 전혀 이상할 게 없죠. 그래서 여러분의 생각이 무척 궁금하네요. 무엇을 근거로 그렇게 판단했는지도 이야기해 보세요. 결승전을 지켜보면서 선생님이 메모한 내용을 보여 줄 테니 참고해도 좋습니다.

논제		기업의 신입 사원 채용 시 여성할당제를 실시해야 한다.
찬성1 입론	주장	여성할당제는 직장 내 다양성을 확보하고 남녀평등을 실현시킬 수 있는 제도이다.
	근거	직장 내 성비 불균형 관련 자료
반대 신문	질문	여성할당제는 불필요한 남녀 갈등을 조장한다고 보지 않는가?
	답변	시행 초기의 부작용에 불과하다.
반대1 입론	주장	여성할당제는 입사 과정에서의 공정성을 해친다.
	근거	과정의 공정성에 초점을 맞춘 정부와 금융권의 채용 협약
반대 신문	질문	공정한 시험보다는 여성할당제의 효과가 즉각적이지 않은가?
	답변	즉각적인 효과보다는 궁극적인 해결이 더 중요하다.
찬성2 입론	주장	여성할당제는 여성의 경제활동 참가율을 증가시켜 남녀 간 임금격차를 줄일 수 있을 것이다.
	근거	우리나라 여성 경제활동 참가율 자료
반대 신문	질문	남성과 여성이 같은 조건이라면 출산·육아 문제 때문에 남성을 뽑는 게 일반적이지 않은가?
	답변	남녀가 같은 조건이라는 것은 비현실적이므로 답변을 거부하겠다.
반대2 입론	주장	남성의 육아휴직을 의무화하여 남녀 차이를 제도적으로 보완해야 한다.
	근거	육아휴직 후 직장에 복귀한 여성 비율 자료
반대 신문	질문	육아휴직 의무화는 미혼 남성을 포괄할 수 없는데, 구체적인 방안이 있는가?
	답변	휴직 의무화나 보상 등의 방식을 고려할 수 있다.
반대1 반론	주장	일정한 채용 비율을 특정 성별에게 할당하는 것은 남녀 갈등을 부추길 뿐이다.
	근거	여성가족부 장관과 대기업 여성 임원 간의 간담회에서 나온 발언
찬성1 반론	주장	여성할당제로 인한 성비 불균형 해소는 기업 내 문화의 다양성을 확보해 줄 수 있다.
	근거	여성할당제를 실시하고 있는 노르웨이 사례
반대2 반론	주장	인식의 변화나 환경의 개선 없이는 직장 내 남녀 차별 문제를 극복할 수 없다.
	근거	마리안 베르트랑 교수의 논문, 육아 문제 해결을 촉구한 간담회의 발언
찬성2 반론	주장	여성할당제는 실현 가능한 정책이며 우리나라가 선도해야 한다.
	근거	여성할당제 시행 반대를 극복한 노르웨이의 사례

〔과제〕

다음 표는 '토론개요서'라고 합니다. 주어진 논제를 찬성 측과 반대 측의 입장에서 모두 생각해 보면서 토론 계획을 세워 볼 수 있죠. 다음 논제 세 가지 중 하나를 골라서 토론개요서를 작성해 보세요.

▶ 외국어고등학교와 자립형사립고등학교 제도를 폐지해야 한다.
▶ 중고등학교에서 수준별 학급 편성을 의무화해야 한다.
▶ 우리나라 대학을 평준화해야 한다.

논제			
용어 정의			
예상 쟁점			
		찬성	반대
주장1	주장		
	근거		
주장2	주장		
	근거		

토론하리와 너비아니가 결승에서 치열하게 공방을 펼친 논제는 양성평등과 관련이 있습니다. 양성평등은 엄청나게 많은 토론거리를 품고 있는 이슈이죠. 아래 책들을 친구들과 함께 읽고 토론을 나눠 보면 좋겠어요.

『페미니즘 교실』(김고연주 외 지음, 돌베게, 2019)

양성평등 하면 '페미니즘'을 빼놓을 수 없죠. 이 책에는 남성 중심 문화 속에서 여성으로서의 목소리를 내는 페미니즘 운동가들의 글이 묶여 있습니다. 군대나 미투 등 사회적 이슈가 되어 널리 알려진 주제에서부터 학교나 온라인, 연애 등 쉽게 지나칠 수 있는 일상 속의 차별까지 예민하게 들여다보죠. 수많은 토론거리를 담고 있는 책이랍니다.

『여성정치할당제』(김민정 외 지음, 인간사랑, 2011)

토론에서 다루었던 여성할당제는 애초에 정치 분야에서 먼저 나온 이야기입니다. 뉴스를 본 친구들은 알겠지만 남성 국회의원이 여성 국회의원보다 화면에 훨씬 더 많이 나오죠? 물론 조금씩 나아지고 있긴 하지만 국회의원의 남녀 비율이 상당히 불균형하기 때문이에요. 여기에 문제를 제기하는 목소리들이 꾸준히 있어 왔고, 급기야 '여성정치할당제'라는 이름으로 여성 의원의 비율을 제도로 규정하는 국가도 생겨났습니다. 이 책은 여성정치할당제를 자세하게 다루고 있어요. 찬성뿐만 아니라 반대의 근거로 쓸 만한 내용도 있으니 토론 참고 자료로 좋습니다.

토론대회의 결승이 끝났으니 이제 곧 겨울방학이 됩니다. 그러니까 오늘이 마지막 보충수업이 되겠네요. 벌써 작별해야 한다니 아쉽습니다. 아직 전하고 싶은 토론이 많이 남아 있는데 말이죠. 하지만 지금까지 배운 것을 잘 활용하면 충분히 좋은 토론자가 될 수 있을 거예요. 친구들과 함께 재미있는 토론을 많이 즐기기 바랍니다.

곧 2학년이 될 토론하리 친구들에게도 계속 응원 부탁합니다. 후배를 받아야 한다는 사실 때문에 부담을 느끼고 있는 것 같더군요. 물론 한편으론 무척이나 설레 보이기도 합니다.

그럼 지금까지 수고 많았습니다. 다음번에 새로운 토론으로 만나길 바랄게요.

"하나, 둘, 으헙!"

르미는 겨우 들어 올린 테이블을 들고 비틀비틀 2층 복도를 걸었다. 뒤에서 가볍게 테이블을 들고 따라오던 태하가 말했다.

"야, 구르미, 무리하지 마라. 전교 부회장님이 이런 데서 허리라도 다치면 어쩌려고 그러냐?"

함께 테이블을 들던 재우가 태하를 나무랐다.

"어허, 참견하지 말고 니나 똑바로 들어라. 넘어질라."

르미와 지유는 결국 몇 걸음을 채 못 가서 테이블을 바닥에 내려놓았다. 태하와 재우가 그들을 앞질러 먼저 1층으로 테이블을 옮겼다.

"부회장아, 이건 우리가 옮길 테니까 느그는 의자 좀 옮겨 주라."

르미와 지유가 옮기던 테이블을 재우와 태하가 밑으로 옮겼다.

"말끝마다 부회장, 부회장. 둘 다 아주 얄미워 죽겠어. 어째 재우가 점점 태하 닮아 가는 것 같지 않아?"

"태하도 마찬가지야. 요즘엔 사투리도 따라 쓰던데?"

"아무튼 얄밉브라더스야."

작년 토론대회 이후 르미는 부회장선거 후보자로 급부상했다. 축제에 이어 토론대회까지 학생들에게 좋은 모습을 보일 기회가 많았기 때문이다. 처음에는 '내가 무슨 부회장이야'라며 거절하던 르미도 담임 선생님까지 후보 등록을 권하자 진지하게 고민할 수밖에 없었다. 결국 선거에 출마한 르미는 압도적인 지지를 얻어 부회장에 당선되었고, 그때부터 재우와 태하는 르미를 '부회장'이라고 부르고 있었다.

의자를 가지고 1층으로 내려가자 재우와 태하가 도서관 벽면에 현수막을 붙이고 있는 게 보였다.

"남재우, 옆으로 더 가야 될 거 아이가. 니는 와 균형감이 없나?"

"야, 사투리 쓸라면 똑바로 써라. '니는 와 균형감이 없노'라고 해야 된다고 했제?"

현수막을 달며 투닥대는 두 사람 사이에 지유가 끼어들었다.

"의문사가 있는 의문문에는 '노', 의문사가 없는 의문문은 '나'로 끝나. 저기, 재우가 오른쪽으로 조금 더 가야겠다."

태하가 눈을 동그랗게 뜨며 재우를 바라보았다.

"그런 규칙이 있었냐?"

"몰라. 한 번도 생각해 본 적 없는데? 진짜 그런가."

재우는 잠시 생각하더니 지유 말이 맞는 것 같다며 고개를 끄덕였다.

"넌 네가 쓰는 말인데도 성지유보다 모르냐?"

"야, 한국 사람이라고 다 한국어 문법 다 아나? 니 문법 시험 몇 점 받았노?"

재우가 쏘아붙이자 태하는 모른 척 현수막을 이리저리 매만졌다. 둘의 모습을 바라보던 르미가 지유에게 말했다.

"어휴, 저 개그 콤비. 근데 너 그거 어떻게 알았어? 재우 사투리의 비밀 말이야."

"1년 동안 지켜보니까 그렇던데? '고'하고 '가'도 똑같아. '이게 뭐고?'랑 '이게 그거가?' 이렇게 말이야. 이게 서술격 조사에 붙는 어미인 거 같은데⋯⋯."

"야야야, 됐다, 됐어."

"그러지 말고 들어 봐. 서술격 조사가 뭐냐면⋯⋯."

"됐다니까. 난 안 들린다, 아아아아~"

귀를 막으며 듣기를 거부하는 르미를 보며 지유는 장난스럽게 웃었다.

"자, 이제 이걸 나눠 주면 돼."

르미가 직접 만들어 온 토론하리 소개 팸플릿을 정리된 부스 테이블 위에 꺼냈다. 바구니에는 사탕도 담았다.

"우리가 동아리원 모집을 하게 될 줄이야. 감개무량하네."

"그러게, 시간 엄청 빠르다. 토론하리 모집 공고문 들고 신비 선생님 찾아간 게 엊그제 같은데."

도서관 앞에서 르미가 발견했던 색 바랜 공고문은 알고 보니 수현이 학창 시절에 만든 것이라고 했다. 수현은 그게 어떻게 여태껏 거기 붙어 있었냐며 놀라워하면서도 이건 운명일지도 모른다고 했다.

"신비 선생님, 올해도 3학년 맡으신다며?"

"신비가 어떻게 신비 아파트를 떠날 수 있겠냐? 신비가 없는 아파트는 더 이상 신비 아파트가 아니지."

태하의 물음에 르미는 심미관을 바라보며 대답했다.

"준비는 잘되고 있나요?"

르미가 깜짝 놀라 '악!' 하고 소리를 질렀다. 신비 선생님이 양손 가득 음료수와 간식을 잔뜩 싸들고 나타났다. 갑작스러운 선생님의 등장에 놀라긴 모두 마찬가지였다.

"선생님! 놀랐잖아요."

"우리 부회장님 놀라는 걸 보고 싶은 걸 어떡하나요?"

"아이 참, 선생님까지 부회장이라 부르시기예요?"

"부회장을 부회장이라 부르지 못하는 건 아버지를 아버지라 부르지 못했던 홍길동이 겪었던 아픔이랍니다. 결코 반복되어선 안 될 비극이죠."

선생님이 능청스럽게 고개를 저으며 말했다. 토론대회가 끝나고 르미 엄마가 하는 치킨집에서 회식을 했을 때 아이들은 신비 선생님과 급격하게 가까워졌다. 선생님과 아이들 사이에서 연결고리 역할을 톡톡히 한 수현의 덕이었다.

그때 부스 주변에서 쭈뼛거리고 있는 여학생 2명이 르미의 눈에 들어왔다. 신비 선생님을 만나기 위해 심미관 앞에서 머뭇거렸던 자신과 지유를 꼭 닮은 모습이었다.

"저기 두 명이 망설이고 있는 거 같은데?"

지유가 르미의 귀에 속삭였다. 지유도 그들을 보며 처음 신비 선생님을 찾아갔던 때를 떠올린 것 같았다.

"쟤네들 설득할 수 있겠어, 구르미?"

"야, 이래 봬도 나 토론하리 부장이야. 신입생 설득 정도야 식은 죽 먹기지!"

르미는 팸플릿과 막대사탕 2개를 쥐고 여학생들에게 다가갔다.

"어서 오세요! 하리고등학교 토론 동아리 토론하리입니다."

참고자료

〈PC방 없인 못사는 당신 '게임 정신病' 환자?〉 (매일경제, 2018. 4. 6.)

〈게임산업만 잡은 '섯다운제'〉 (한국경제, 2018. 1. 5.)

〈우리 세금 먼지가 되어······ 지자체 예산 낭비 실태〉 (일요신문, 2018. 5. 5.)

〈지자체 담당자 46% "복지사각지대 원인은 홍보 부족"〉 (연합뉴스, 2018. 10. 9.)

〈소득세 비중 선진국 절반 '고소득자에 너무 관대한 한국'〉 (비즈한국, 2019. 9. 20.)

〈대기업들 경영난에도 작년 6873명 더 뽑았다〉 (중앙일보, 2020. 4. 3.)

〈'신의 직장' 공기업… 女엔 '좁은 문' 男엔 '넓은 문'〉 (이데일리, 2020. 4. 27.)

〈남녀차별 금지…금융권 채용이 달라진다〉 (jobsN, 2020. 2. 21.)

〈여성 10명 중 6명, 육아휴직 후 직장 복귀 못했다〉 (한겨레, 2020. 2. 12.)

〈노르웨이가 '이사회 여성 쿼터'를 도입한 까닭은〉 (한겨레, 2018. 3. 11.)

〈기업 이사회 여성 할당제는 얼마나 효과가 있을까?〉 (뉴스페퍼민트, 2014. 6. 27.)

『불평등을 넘어』 앤서니 앳킨슨 지음, 장경덕 옮김, 글항아리, 2015.

『성별임금격차 실태와 완화방안 연구』, 장진희·장명선·박건 지음, 한국노총중
　　앙연구원, 2019.

무기가 되는 토론의 기술

ⓒ 이강휘, 2021

초판 1쇄 발행일 2021년 1월 30일
초판 2쇄 발행일 2021년 5월 11일

지은이   이강휘
펴낸이   정은영
편집   문진아 최성휘 정사라
마케팅   최금순 오세미 박지혜 김하은
제작   홍동근

펴낸곳   (주)자음과모음
출판등록   2001년 11월 28일 제2001-000259호
주소   (04047) 서울시 마포구 양화로6길 49
전화   편집부 (02)324-2347, 경영지원부 (02)325-6047
팩스   편집부 (02)324-2348, 경영지원부 (02)2648-1311
이메일   jamoteen@jamobook.com

ISBN 978-89-544-4575-7(44080)
       978-89-544-3135-4(set)

이 도서의 국립중앙도서관 출판예정도서목록(CIP)은 서지정보유통지원시스템
홈페이지(http://seoji.nl.go.kr)와 국가자료공동목록시스템(http://www.nl.go.kr/kolisnet)에서
이용하실 수 있습니다. (CIP제어번호: CIP2020054732)